LES BONS LIVRES

EXERCICES
ET PROBLÈMES
DE GÉOMÉTRIE

EXERCICES PROPOSÉS
SOLUTIONS AVEC FIGURES. — QUESTIONS A RÉSOUDRE
SOLUTIONS SANS FIGURES

NOUVELLE ÉDITION, PUBLIÉE PAR FÉLIX VERNAY

Ad. Rion
fondateur de la collection des *Bons Livres* à 10 c.

PARIS, DÉPARTEMENTS
CHEZ TOUS LES LIBRAIRES

Ils sont priés de s'adresser à leurs *Commissionnaires*, ou aux maisons
HACHETTE, SCHULZ, ALLOUARD, VERNAY,
MANGINOT, GUÉRIN, COSTE, BROUILLET, GAULON, GOIN, CLAVERIE

Bons Livres
Nº 48

TABLE DES MATIÈRES

PREMIÈRE PARTIE

DEUXIÈME PARTIE

TROISIÈME PARTIE

QUATRIÈME PARTIE

EXPLICATION DES SIGNES.

$+$ Plus.
$-$ Moins.
$=$ Égal.
$\pm$ Plus ou moins.
$\times$ Multiplié par.
$a < b$, a plus petit que b.
$a > b$, a plus grand que b.
$\diamond$ Équivalent
$\sqrt{\ }$ Racine carrée.

a^2, a carré. } Le chiffre placé ainsi en haut de la lettre indique la
a^3, a cube. } puissance; on le nomme *exposant*.

Paris-Imp. PAUL DUPONT, 41, rue Jean-Jacques-Rousseau.

PROBLÈMES

DE GÉOMÉTRIE

PREMIÈRE PARTIE

EXERCICES PROPOSÉS

1 — Élever une perpendiculaire par un point donné sur une ligne droite.

2 — D'un point donné hors d'une droite abaisser une perpendiculaire sur cette droite.

3 — Faire un angle égal à un angle donné.

4 — Diviser un angle en deux parties égales.

5 — Étant donnés deux angles d'un triangle, construire le troisième.

6 — Décrire sur une ligne donnée un segment de cercle capable d'un angle donné, c'est-à-dire tel que tous les angles qui y seront inscrits seront égaux à l'angle donné.

7 — Mener par un point donné une parallèle à une droite donnée.

8 — Diviser une droite donnée en parties égales.
9 — Construire un carré sur une ligne donnée.
0 — Trouver une moyenne proportionnelle à deux droites données.
11 — Trouver une quatrième ligne proportionnelle à trois lignes données.
12 — Diviser une droite en moyenne et extrême raison.
13 — Construire un triangle dont on donne les trois côtés.
14 — Construire un triangle connaissant la base, la hauteur et l'angle au sommet.
15 — Construire un triangle connaissant la base, la somme des deux autres côtés et un des angles de la base.
16 — Construire un triangle, connaissant la base, un des angles adjacents à cette base, et la différence des deux autres côtés.
17 — Construire un triangle dont on connaît le périmètre et deux angles.
18 — Construire dans un cercle un triangle semblable à un triangle donné.
19 — Construire sur une droite donnée un polygone semblable à un polygone donné.
20 — Construire un carré équivalent à un rectangle donné.
21 — Construire un carré équivalent à un triangle donné.
22 — Construire sur une ligne déterminée un rectangle équivalent à un autre rectangle donné.
23 — Construire un carré équivalent à la somme ou à la différence de deux autres carrés donnés.
24 — Construire un triangle équivalent à un polygone donné, construire un carré équivalent à un polygone donné.
25 — Construire un polygone semblable à deux polygones connus et équivalent à leur somme ou à leur différence.

26 — Trouver sur une ligne indéfinie un point tel, que la somme des lignes qui le joignent à deux points donnés en dehors de la ligne connue soit la plus petite possible.

27 — Étant donnés une ligne droite et deux points en dehors de cette droite, trouver sur la ligne donnée un point également distant des deux points connus.

28 — Faire passer une circonférence par trois points donnés, non situés en ligne droite.

29 — Trouver la plus courte distance d'un point à une circonférence et la plus longue.

30 — Trouver la plus courte et la plus longue distance d'une circonférence à une droite.

31 — Trouver la plus courte distance entre deux circonférences et la plus longue.

32 — Mener à une circonférence une tangente parallèle à une droite donnée.

33 — Mener à une circonférence donnée une tangente qui fasse avec une ligne donnée un angle déterminé : 1° aigu; 2° droit; 3° obtus.

34 — Tracer une circonférence dont le rayon est donné de façon qu'elle soit tangente à deux droites données.

35 — Mener une circonférence tangente à trois droites données.

36 — Tracer une circonférence dont le rayon est donné et qui soit tangente à une droite et à une circonférence données.

37 — Une ligne droite et une circonférence étant données, trouver une circonférence qui soit tangente à la droite en un point déterminé et qui soit également tangente à la circonférence.

38 — Une ligne droite et une circonférence étant données, tracer une circonférence qui leur soit tangente à toutes deux, le point de tangence étant déterminé sur la circonférence.

39 — Tracer avec un rayon déterminé une circonférence tangente à deux circonférences données.

40 — Mener une circonférence également distante de quatre points donnés.

41 — D'un point pris hors de deux droites parallèles mener une sécante telle que la partie interceptée par les parallèles soit égale à une longueur donnée.

42 — Un point étant donné hors d'un cercle, mener une sécante telle, que la corde interceptée soit égale au rayon.

43 — Trouver la mesure d'un angle formé par une corde et une ligne extérieure aboutissant à une des extrémités de la corde.

44 — Inscrire un carré dans un triangle donné.

45 — Inscrire un carré dans un cercle.

46 — Inscrire un hexagone régulier dans un cercle.

47 — Inscrire un triangle équilatéral.

48 — Inscrire un décagone.

49 — Inscrire un pentagone.

50 — Un polygone étant inscrit, en inscrire un d'un nombre double de côtés.

51 — Des polygones réguliers étant inscrits, circonscrire à la circonférence des polygones semblables.

52 — Inscrire une circonférence dans un triangle donné..

53 — Trouver l'angle d'un triangle sachant que le côté opposé à cet angle à $\sqrt{b^2 + c^2 - bc}$ — (*b* et *c* sont deux côtés connus donnés).

54 — Trouver le lieu géométrique des sommets de tous les triangles ayant même base et les angles au sommet égaux.

55 — Quelle serait la surface d'un triangle dont la base est 15^m et la hauteur 7^m?

56 — Quelle serait la surface d'un carré dont le côté est de $4^m,25$.

57 — Quelle serait la surface d'un parallélogramme dont la base est 4^m et la hauteur 4^m?

58 — La somme des côtés parallèles d'un trapèze étant 14^m et sa hauteur 6^m, quelle est sa surface?

59 — Le périmètre d'un polygone régulier étant 48^m et le rayon du cercle inscrit dans ce polygone 6^m, quelle est la surface du polygone?

60 — 1° Quelle serait la circonférence d'un cercle dont le rayon est 3 mètres?

61 — 2° Quelle serait la surface de ce même cercle?

62 — Le mètre est la dix-millionième partie du quart du méridien terrestre; le méridien a donc quarante millions de mètres de circonférence; déduire de ces données le diamètre de la terre.

63 — Faire un cercle dont la circonférence soit les 3/5 d'un autre cercle donné.

DEUXIÈME PARTIE

—

SOLUTIONS

1. — Soient donnés la ligne MN et le point C sur cette ligne.

Prenez sur la ligne MN les points A et B également distants de C, de façon que CA = CB; des points A et B avec une ouverture de compas plus grande que BC, décrivez des arcs de cercle qui se couperont au point O, menez CO, ce sera la perpendiculaire demandée.

En effet, le triangle BOA est isocèle par construction, et la ligne OC, qui joint le sommet au milieu de la

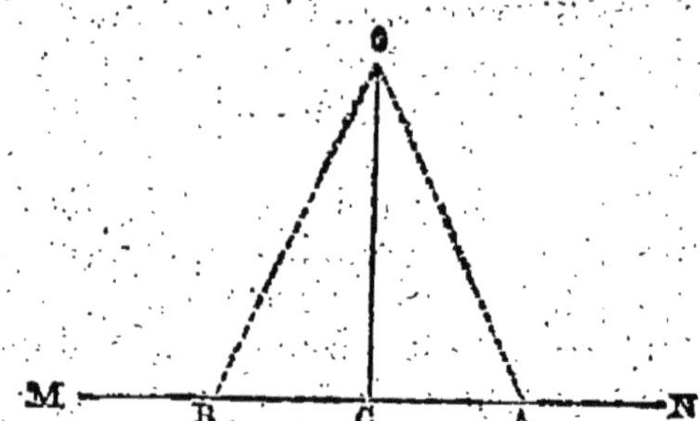

base, est nécessairement perpendiculaire sur cette base.

2. — Soit donné le point A en dehors de MN.

Du point A comme centre avec une ouverture de

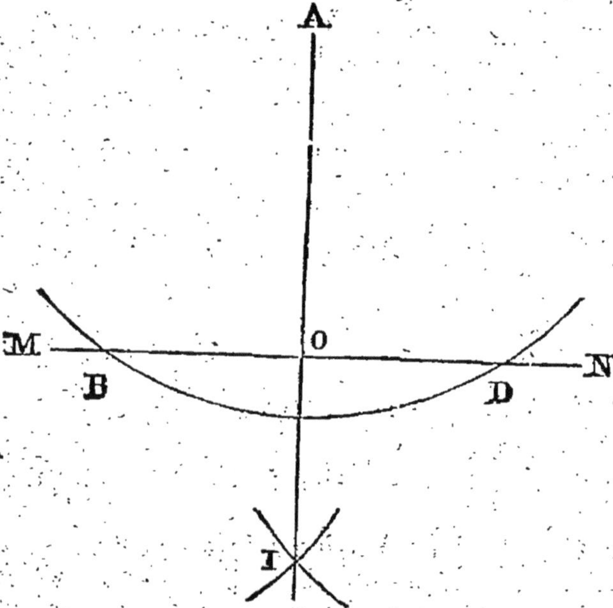

compas, décrivez un arc qui coupe MN aux points D et B; des points B et D pris à leur tour comme centre, décrivez avec une longueur plus grande que la moitié de

BD des arcs qui se couperont en un point I; tirez AI, ce sera la perpendiculaire demandée.

3. — Proposé de faire sur DE un angle égal à ABC. Du point B comme centre, décrivez un arc de cercle IK compris entre les deux côtés AB, CD.

Avec la même ouverture de compas, tracez du point E comme centre un arc indéfini, puis du point F, où cet arc coupe ED, tracez un arc de cercle avec un rayon égal à la corde IK; son point d'intersection M avec l'arc FH déterminera le second côté EM de l'angle DEM, qui sera égal à ABC comme ayant pour mesure l'arc FM = IK.

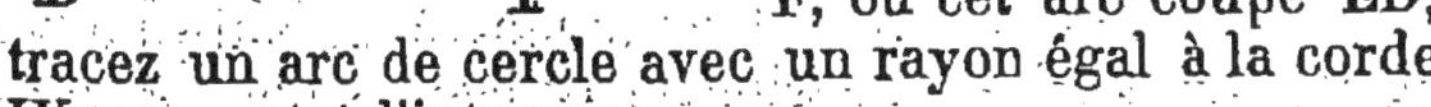

Si le point où l'on doi faire l'angle égal sur ED était déterminé, on opérerait en prenant ce point pour base d'opération comme on fait ici du point E.

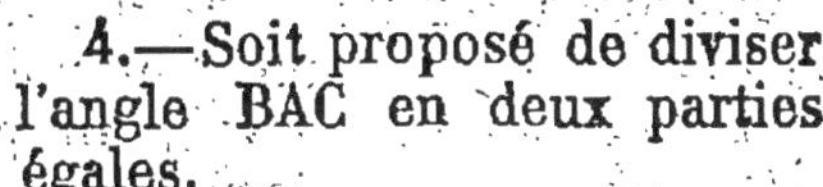

4. — Soit proposé de diviser l'angle BAC en deux parties égales.

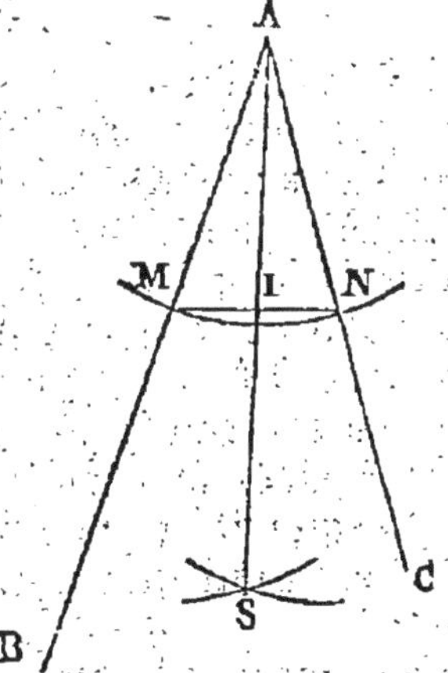

Du point A pris pour centre, avec une ouverture de compas quelconque, décrivez un arc de cercle qui coupe AB et AC aux points M et N, tirez MN; la ligne AS, abaissée perpendiculairement sur cette corde MN, divise l'angle BAC en deux parties égalse. Il est en effet facile de démontrer que les triangles MAI et IAN sont égaux, donc l'angle IAM est égal à l'angle IAN.

La ligne qui divise un angle en deux parties égales se nomme la bissectrice de cet angle.

5. — Soient donnés les angles m et n.

Au point o quelconque d'une ligne indéfinie xy, tracez l'angle B$oy = m$, puis tracez sur oB au même point o l'angle BoA $= n$. Le troisième angle sera évidemment Aox, puisque la somme des angles d'un triangle est égale à deux angles droits.

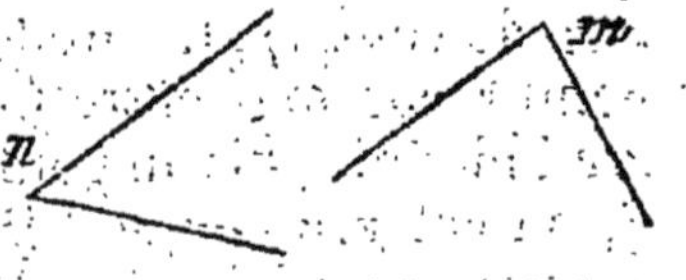

Si les angles étaient donnés en valeurs numériques, il faudrait se rappeler que l'angle droit équivaut à 90°. Soit par exemple $m = 40°$ et $n = 70°$, le troisième angle serait égal à 180° — 110°, soit 70°.

6. — Soit m l'angle donné et AB la droite.

Élevez au milieu de AB une perpendiculaire DC, faites au point B un angle ABG $= m$, élevez au point B une ligne BH perpendiculaire à GK ; elle rencontre DC au point O. De ce point comme centre avec OB pour rayon, décrivez une circonférence. Elle passera au point A avec OA = OB comme obliques également écartées du pied de la perpendiculaire ; puisque D a été pris au milieu de AB, le segment AMB est celui que nous cherchons.

En effet, l'angle ABG $= m$ a pour mesure la moitié

de l'arc AB, ce qui aura lieu pour tous les angles, tels

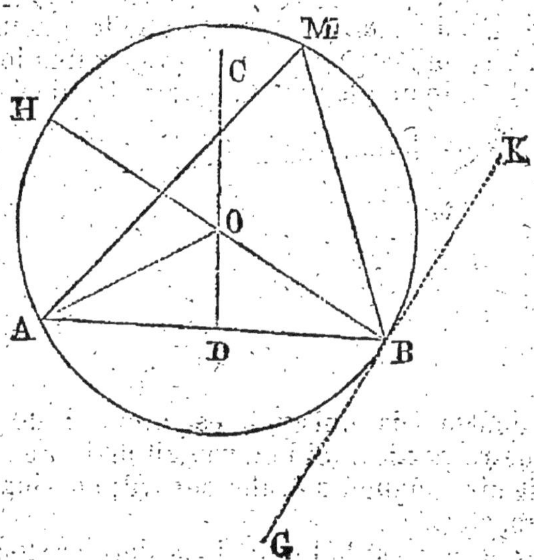

que AMB, qui auront leur sommet inscrit dans ce segment.

7. — Soient donnés le point C et la ligne AB.

Abaissez du point C une perpendiculaire CP sur AB; puis menez au même point C une perpendiculaire à CP, la ligne IH sera parallèle à AB; car si ces deux lignes

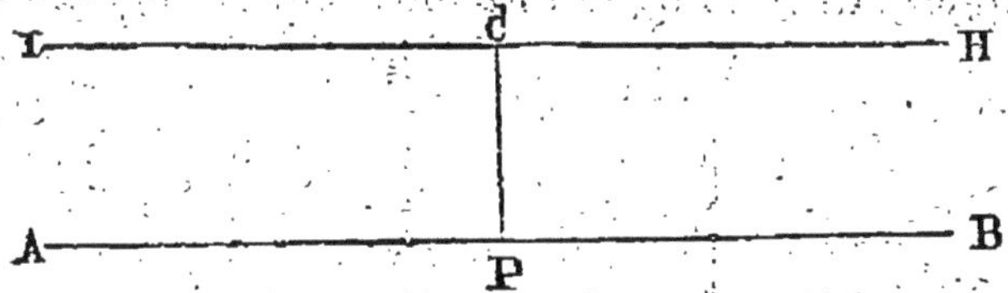

pouvaient se rencontrer en un point x quelconque, il s'ensuivrait que de ce point on aurait abaissé deux perpendiculaires sur la même ligne CP, ce qui ne peut être.

8. — Soit proposé de diviser AB en quatre parties égales.

Menez AP quelconque, prenez une longueur quelconque AH, puis à partir de H prenez une longueur HK = AH, puis une longueur KL = AH, ainsi de suite

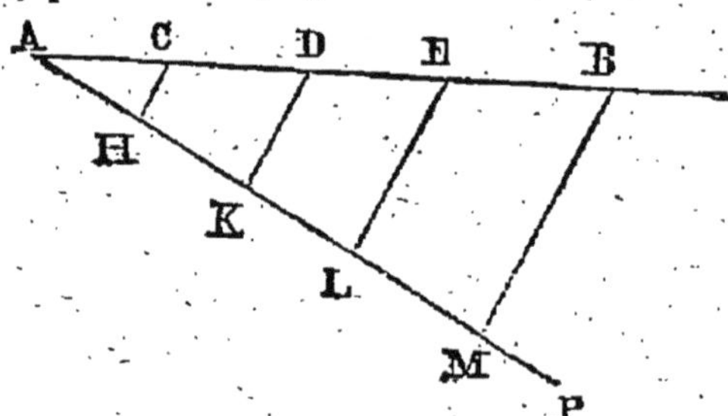

jusqu'à quatre fois, puisqu'il est proposé de diviser AB en quatre parties. (Si l'on voulait diviser en dix, on prendrait dix longueurs égales sur AP; en vingt, vingt longueurs, etc...)

Joignez M, qui est la limite de la dernière longueur, avec le point B, puis par les points L, K et H menez des parallèles à MB, les points E, D et C, où ces parallèles rencontrent AB, détermineront les divisions demandées.

En effet, on sait qu'une ligne droite menée parallèlement à l'un des côtés d'un triangle divise les deux autres côtés en parties proportionnelles.

9. — Soit donnée la ligne CD.

Prenez sur cette ligne une longueur EF égale à celle

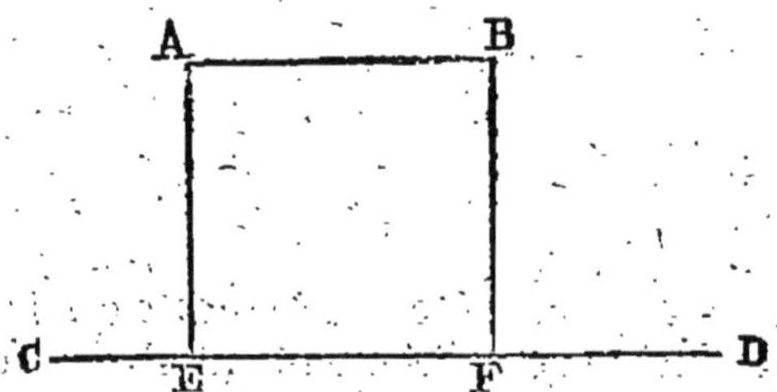

du côté du carré que vous voulez construire; élevez

aux deux extrémités de cette longueur des perpendiculaires qui lui soient égales, puis joignez les extrémités A et B de ces perpendiculaires.

10. — Trouver une moyenne proportionnelle à *b* et *a*.

Construisez AB $=a$, et prolongez AB pour avoir BC $=b$; du point O, milieu de AC, et avec OA pour rayon, décrivez une circonférence dont AC sera évidemment un diamètre, par le point B élevez la perpendiculaire BH qui sera la ligne cherchée.

En effet, menez les cordes HA et HC; le triangle ABH est semblable au triangle AHC comme ayant les angles égaux, puisque ABH et AHC sont droits et que HAC est commun; on prouverait, par la même raison, que les triangles CBH et AHC

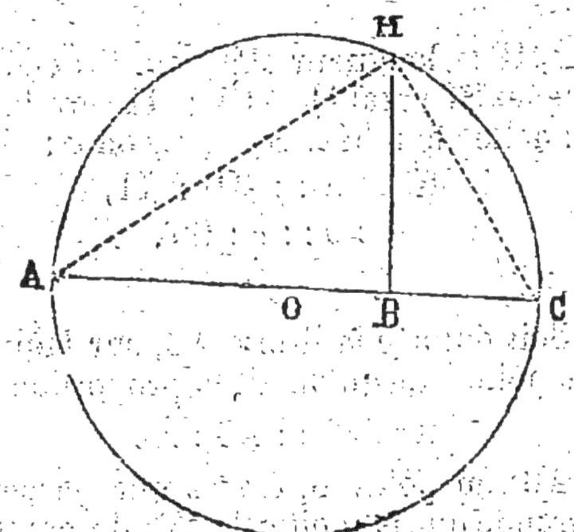

sont semblables; donc les triangles ABH et CBH, tous deux semblables au triangle AHC, sont semblables entre eux, et on a la proportion

$$AB : HB :: HB : BC, \quad \text{ou} \quad a : HB :: HB : b.$$

11. — Soient données trois lignes A, B et C; on se propose d'en trouver une quatrième X telle qu'on ait : C : B : : A : la ligne droite.

Tracez un angle NMP quelconque; prenez sur MN une longueur MO = C, et une seconde OS = b, puis

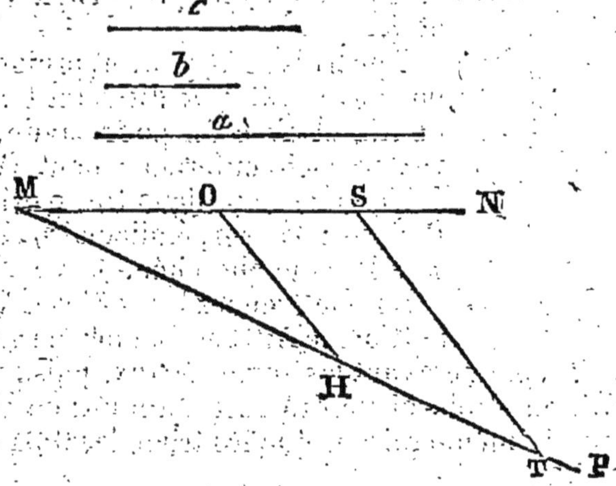

prenez sur MP la longueur MH = a, tirez OH, et par le point S menez ST parallèle à OH; HT sera la quatrième proportionnelle cherchée. En effet, on a :

$$MO : OS :: MH : HT,$$

ou

$$c : b :: a : HT.$$

12. — Soit donnée la droite AB, sur laquelle il faut trouver un point x tel qu'on ait la proportion

$$Ax : xB :: AB : Ax.$$

Tracez AB; au point B, élevez une perpendiculaire BO plus grande que la moitié de AB; du point O comme centre avec OB pour rayon, décrivez une circonférence; inscrivez dans cette circonférence une corde MN = AB; du centre O abaissez une perpendiculaire sur cette corde, et avec cette perpendiculaire OK comme rayon, décrivez du même centre O une seconde circonférence.

Du point A, menez une tangente à cette circonférence intérieure, elle sera évidemment sécante à la circonférence extérieure. Prenez sur AB, AL = AC.

Or on sait que le rapport entre la sécante et la tan-

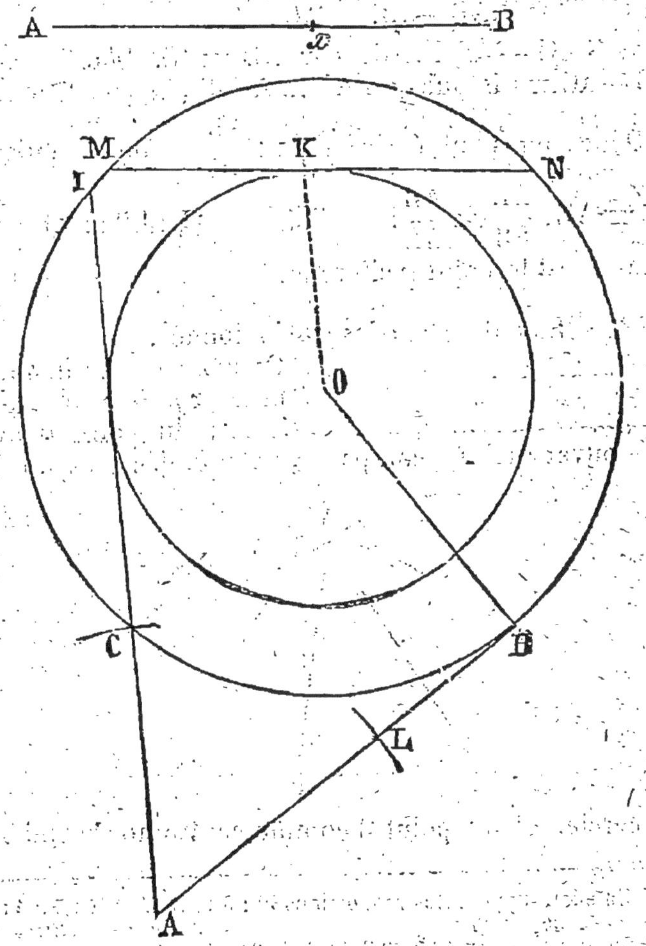

gente tirées d'un même point à une circonférence donne :

$$AI : AB :: AB : AC,$$

ou $\frac{AI}{AB} = \frac{AB}{AC}$; mais on sait, par les propriétés des proportions, que $\frac{AI - AB}{AB - AC} = \frac{AB}{AC}$ (1).

Mais $AI - AB = AC$, car $AB = IC$. D'autre part, $AB - AC = LB$ (puisque $AL = A-C$ par construction).

Donc, on peut écrire $\frac{AC}{LB} = \frac{AB}{AC}$, ou, puisque $AC = AL$, $\frac{AL}{LB} = \frac{AB}{AL}$; d'où $AL : LB :: AB : AL$. Donc L est le point x cherché.

13. — Soient a, b, c les côtés donnés. Prenez sur une ligne indéfinie xy une longueur $BC = a$; du point B avec une ouverture de compas égale à b, décrivez un arc

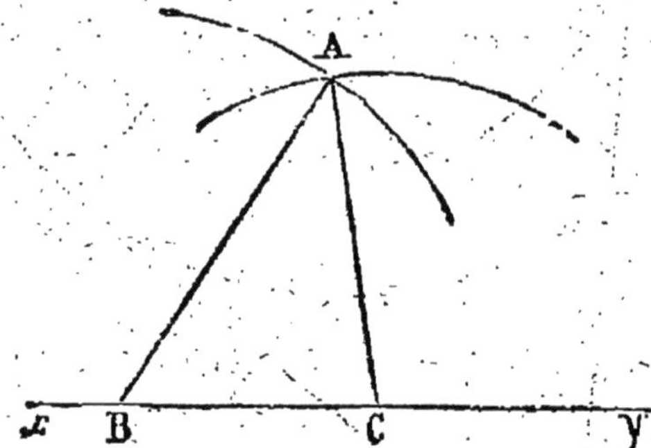

de cercle, et du point C comme centre un second arc

(1) En effet, supposez les proportions 30 : 6 :: 25 : 5 et 10 : 5 :: 4 : 2, vous aurez $\frac{30}{6} = \frac{25}{5} = 5$ comme rapport, et de même $\frac{30-25}{6-5} = \frac{5}{1} = 5$; et, pour l'autre, $\frac{10}{5} = \frac{4}{2} + \frac{10-4}{5-3} + 2$. Cela se conçoit, puisque vous diminuez proportionnellement les deux termes de la fraction, vous n'en changez pas le rapport.

de cercle avec un rayon égal à e, le point A où ils se rencontrent détermine le sommet du triangle.

14. — Soient b la base, h la hauteur, et m l'angle au sommet.

Prenez $AB = b$, faites sur AB un segment capable de l'angle m, élevez sur le milieu C de AB une perpendiculaire $DC = h$; par le point C menez une parallèle à AB. Les deux triangles AFB et AEB satisfont à la question. Ils ont pour base $AB = b$, et leur hauteur est égale à $CD = h$; quant aux angles AEB et AFB, ils sont par construction inscrits dans un segment capable de l'angle m, donc ils lui sont égaux.

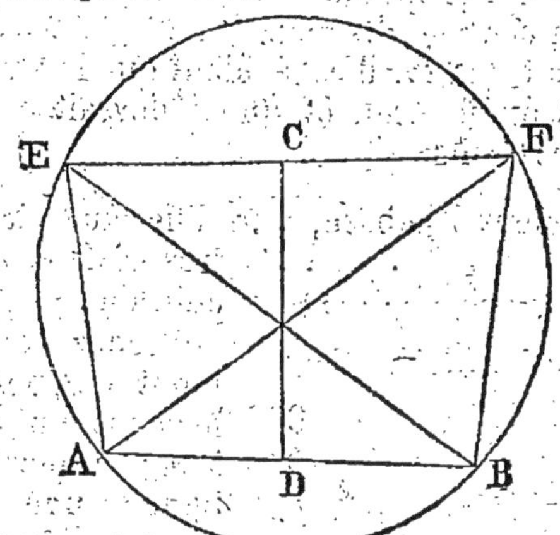

15. — Soient b la base, a la somme des deux autres côtés, m l'angle connu.

Construisez $AB = b$, formez au point A un angle égal à m, en faisant les lignes $AC = a$; joignez c et B; sur le milieu D de CB, élevez une perpendiculaire et prolongez-la jusqu'à sa rencontre avec AC, qui a lieu au point E; joignez E et B. Le triangle AEB est le triangle demandé. En effet, l'angle EAB $= m$ par construction; AB$=b$ par la même raison. Reste à démontrer que AE $+$ EB $= a$; or AE $+$ EC $= a$ par construction, mais EB$=$EC comme obliques s'écartent également du pied de la perpendiculaire ED puisque D est le milieu de CB; donc, remplaçant EC par EB, on a AE $+$ EB $= a$.

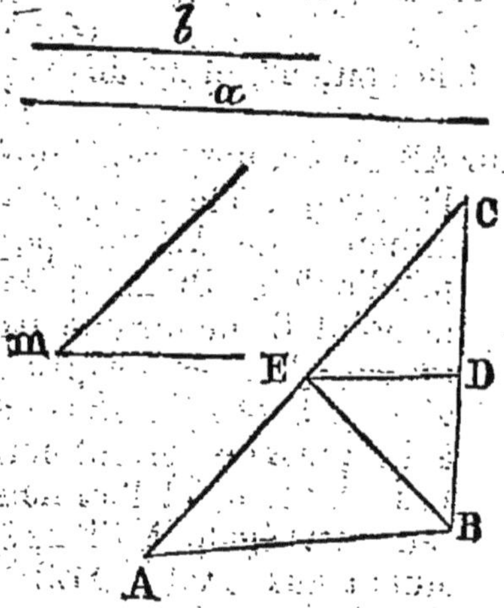

Si on avait $a = 2b$, il est évident que le triangle à former serait équilatéral, et que c devrait égaler 1/3 de deux angles droits.

16. — Soient b la base, a la différence des deux autres côtés et m un angle adjacent.

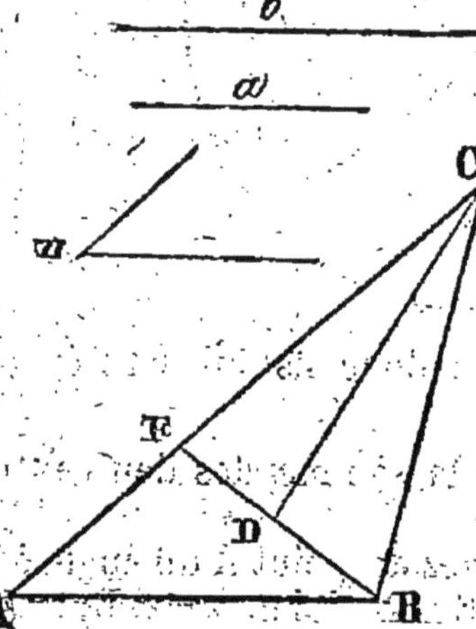

Prenez AB $= b$; au point A menez une ligne formant un angle égal à m; prenez sur cette ligne une longueur AE$=a$, piquez les points E et B, par le milieu D de EB élevez une perpendiculaire jusqu'à ce qu'elle rencontre AE prolongé; le triangle ACB ainsi formé sera le triangle demandé.

En effet, AB $=b$ et l'angle BAC $=m$ par construction. D'autre part, BC $=$ EC comme obliques également écartées du pied de la perpendiculaire; or EC $=$ AC $-$ AE on a donc BC $=$ AC $-a$.

17. — Soient a le périmètre, m et n les angles connus. Prenez AC $= \frac{1}{2}a$; au point C menez la ligne CD aussi

égale à $-\frac{1}{2}a$ et de manière à former l'angle ACD $=m$; aux points A et D menez des perpendiculaires, leur intersection O sera le centre d'une circonférence passant par A et D. En un point quelconque de AC, G par exemple, menez une ligne GL formant l'angle CGL $=n$, puis

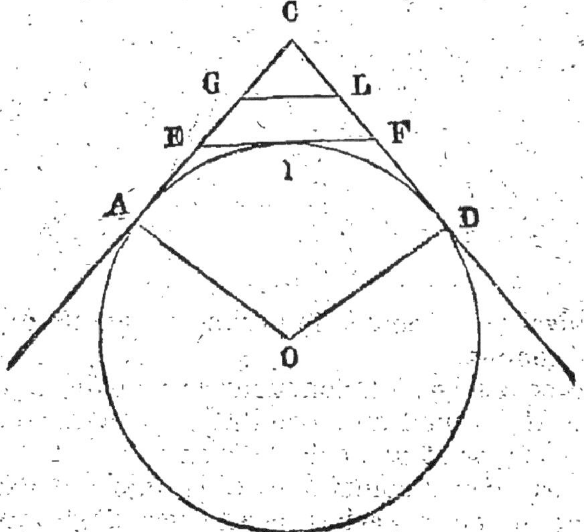

menez sur la circonférence une tangente parallèle à cette ligne GL, cette tangente formera le triangle ECF que nous cherchons.

En effet, l'angle C $=m$ par construction, l'angle

CEF = l'angle CGL connu formé par les parallèles GL et EF. Je dis de plus que CE + EF + FC = a.

Il faut, pour comprendre ce problème, se rappeler que, si d'un même point C on mène deux tangentes à une circonférence, ces deux tangentes sont égales (on le démontrerait facilement en formant les triangles CAO et COD qui seraient égaux). De ce théorème il résulte que CA = CD, que AK = FD, que CE = CF, et aussi que

$$FD = FI \text{ et } FI = EA;$$

donc

$$CE + FA + CF + FD = CE + EI + IF + FC,$$

ou

$$CE + EF + FC = a,$$

ou

$$CE + EF + FC = AC + CD = \frac{1}{2}a + \frac{1}{2}a = a.$$

Ce problème peut aussi se résoudre par la construc-

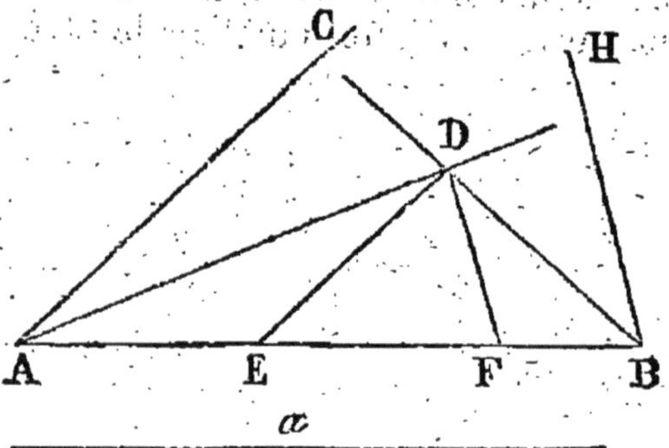

tion suivante. — Soit a le périmètre donné, b et c les angles connus.

Je trace AB égal à la longueur a ; au point A je trace la ligne AC formant un angle BAC = b, et au point B la ligne BH formant un angle ABH = c.

Par les mêmes points A et B je mène deux lignes divisant en deux parties égales les angles BAC et ABH ; je prolonge ces lignes (qu'on nomme les *bissectrices* des angles) jusqu'à leur rencontre, qui a lieu au point D; de ce point D je tire la ligne DE parallèle à AC, et la ligne DF parallèle à BH.

Le triangle EDF est le triangle demandé.

En effet, l'angle ADE = l'angle DAC comme alterne-interne; donc l'angle ADE = l'angle EAD, et le côté DE = AE, puisqu'il suit de l'égalité des angles formés sur la base AD du triangle AED que ce triangle est isocèle. On prouverait de même que DF = FB. Donc

$$ED + DF + EF = AE + EF + FB = AB = a.$$

De plus, à cause du parallélisme des lignes, l'angle DEF = CAE = b et DFE = FBH = c, donc DEF est bien le triangle cherché.

18. — Soient donnés le triangle DEF et le cercle O.

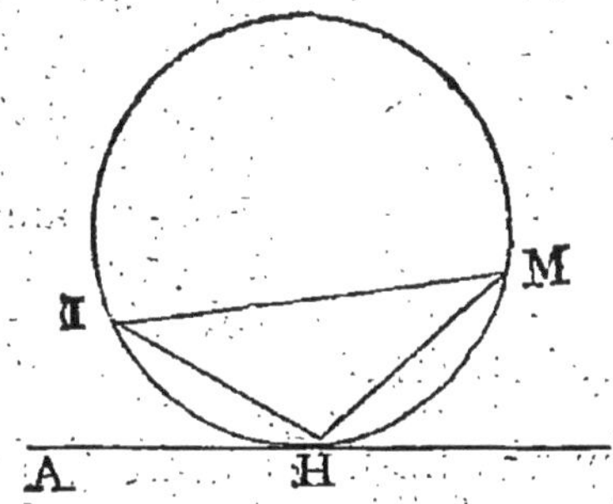

En un point H quelconque de la circonférence, menez une tangente AB, faites au point H un angle BHM = DEF et un angle AHI = EDF, tirez IM, et le triangle IHM sera celui que vous cherchez.

En effet, les angles BHM ou DEF et HIM ont pour même mesure que la moitié de l'arc sous-tendu par HI; donc ils sont égaux. De même AHI ou EDF = HM, comme ayant pour mesure la moitié de l'arc soustendu par IH; donc, nécessairement, le troisième angle IHM est égal au troisième angle EFD; donc les deux triangles IHM et DFE, ayant leurs angles égaux, sont semblables.

19. — Sur la ligne ab donnée comme côté homologue à AB, il faut construire un polygone semblable au polygone donné ABCDEF.

Pour cela, je décompose ABCDEF en triangles par des diagonales issues du même sommet A; puis avec ab

au point *b*, je fais un angle égal à l'angle B, et au point *a* un angle *bac* égal à l'angle BAC; les deux lignes menées ainsi, l'une de *b*, l'autre de *a*, se rencontrent en *c*, et forment avec *ab* un triangle *abc* équiangle et semblable à ABC.

Maintenant avec *ac* au point *a* je fais un angle *cad* égal à CAD, et au point *c* un angle $acd = ACD$; les deux nouvelles lignes ainsi menées se rencontrent en *d*, et forment avec *ac* le triangle *acd* équiangle et semblable au triangle ACD; puis sur *ad* je construis de même un triangle *ade* équiangle à ADE, et enfin sur *ae* un triangle *aef* équiangle au triangle AEF.

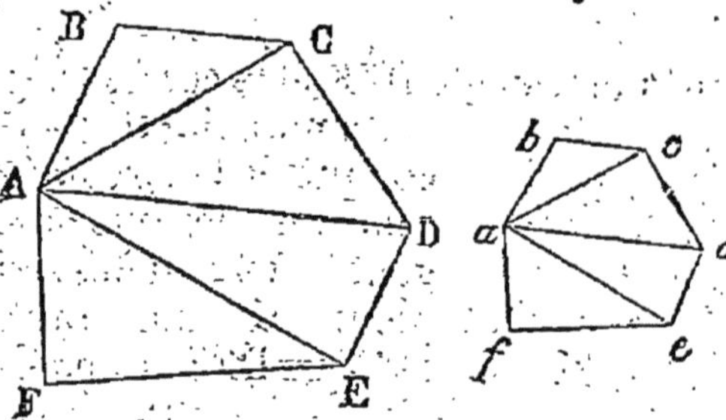

Le polygone ainsi construit, *abcdef*, est semblable au polygone proposé ABCDEF.

20. — Soit donné le rectangle ABCD, la mesure de la superficie est $CD \times AC$; nommons x le côté du carré cherché, on aura $x^2 = CD + AC$, ce qui donne les proportions $CD : x :: x : AC$.

Le problème se réduit donc à trouver une moyenne proportionnelle entre CD et AC.

21. BD étant la hauteur du triangle ABC, la surface est $AC + \frac{1}{2} BD$. Si nous nommons x le côté du carré cherché, nous aurons : $x^2 = AC + \frac{1}{2} BD$, ou $AC : x :: x : \frac{1}{2} BD$. Donc il suffit de chercher une moyenne proportionnelle.

22. — Soit demandé de construire sur une ligne déterminée un rectangle p, formant un côté équivalant à un rectangle connu dont les côtés sont a et b.

Soit x la longueur du côté inconnu du rectangle à construire, on devra avoir $a + b = p + x$. Le problème se réduit donc à chercher une quatrième proportionnelle aux trois lignes connues, car des égalités ci-dessus découle la proportion $a : b :: p : x$.

23. — Construire un carré équivalent à la somme des deux carrés P et Q.

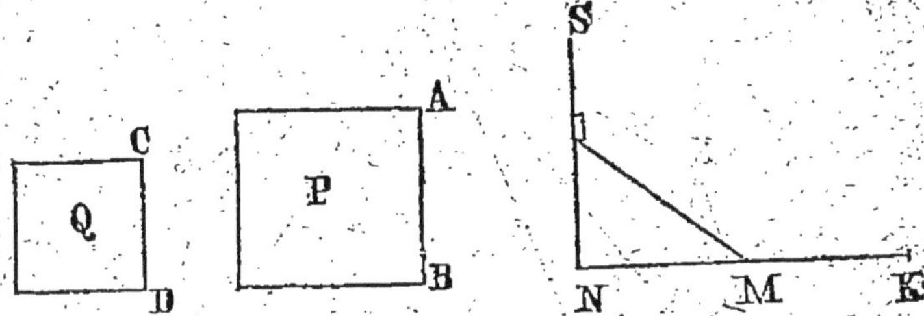

Menez à angle droit les lignes NK et NS; prenez NI égale au côté CD du carré Q et NM égale au côté AB du carré P; tirez IM, qui sera le côté de carré cherché.

Ceci est évident, puisque le carré fait sur l'hypoténuse d'un triangle rectangle est égal à la somme des carrés faits sur les deux autres côtés.

Construire un carré équivalant à la différence des carrés P et Q.

Menez de même à angle droit les lignes NK et NS, prenez sur NK une longueur égale au côté du plus petit des carrés donnés, soit donc NI = CD; du point I comme centre avec une ouverture de compas égale à AB, décrivez un arc de cercle qui coupera NS en un point

M; le côté du carré cherché sera MN. En effet, on aurait :

$$\overline{MI}^2 \text{ ou } \overline{AB}^2, \text{ ou } P = \overline{NI}^2, \text{ ou } \overline{CD}^2, \text{ ou } Q + \overline{MN}^2,$$

c'est-à-dire $P = Q + \overline{MN}^2$;

donc, $P - Q = \overline{MN}^2$.

24. — Soit demandé un triangle équivalant au polygone ABCDE.

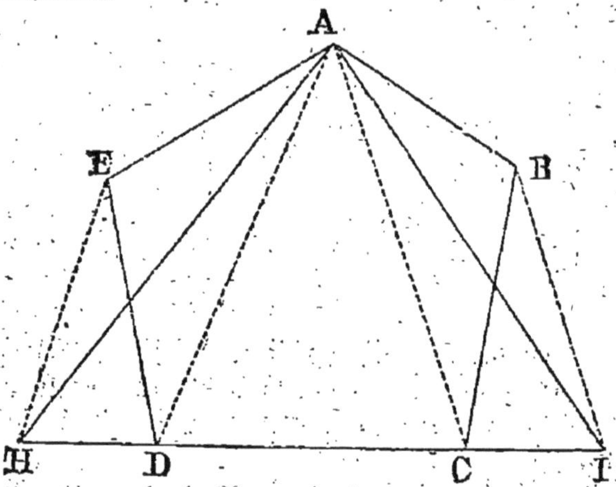

Menez la diagonale AD. Par le point E menez une parallèle AD jusqu'à sa rencontre avec DC en H, puis tirez AH. Vous aurez ainsi les triangles AHD et AED, qui sont équivalents comme ayant même base AD et même hauteur, puisque leurs sommets sont sur une parallèle à la base AD.

On a donc AHCB <> AEDCB.

Tirez ensuite AC, menez BI parallèle à AC et joignez AI, vous aurez le triangle AIC <> ABC, et par suite

HAI <> HABC <> ABCDE.

On construit d'abord le triangle équivalant au polygone, puis le carré équivalant au triangle.

25. — 1° Equivalant à leur somme.

Soient M et N les surfaces des polygones connus, a à b deux côtés homologues de ces polygones, x le côté homologue du polygone demandé, et y sa surface.

On doit avoir $y = M + N$.

Les surfaces de deux rectangles étant entre elles comme les carrés des côtés homologues, on a : $M : N :: a^2 : b^2$,

ou $\frac{M}{N} = \frac{a^2}{b^2}$, qui peut devenir $\frac{M+N}{N} = \frac{a^2+b^2}{b^2}$.

D'autre part, comme le polygone à construire doit être semblable à ceux connus, on a :

$\frac{y}{N} = \frac{x^2}{b^2}$, mais $y = M + N$, donc $\frac{y}{N} = \frac{M+N}{N}$;

donc $\frac{x^2}{b^2} = \frac{a^2+b^2}{b^2}$, d'où $x^2 = a^2 + b^2$.

Le problème se résout donc à trouver le côté d'un carré dont la superficie serait égale à celle de deux carrés connus. Le côté x de ce carré étant trouvé, on construira sur ce côté un polygone semblable à un des polygones connus; il sera semblable à l'autre par réciprocité.

2° Si on demandait que le polygone cherché fût équivalent à la différence des deux autres, on trouverait, en raisonnant comme ci-dessus, la formule $x^2 = a^2 - b^2$. Il s'agirait donc de trouver le côté d'un carré équivalant à la différence des surfaces des deux autres carrés, puis sur ce côté de construire le polygone semblable à M et N.

On ne doit pas oublier que dans ces deux cas le côté trouvé est celui qui est homologue aux côtés a et b, d'après lesquels on le détermine.

26. — Soit une ligne indéfinie xy et deux points A et B.

Du point A, abaissez une perpendiculaire AD, prolongez-la d'une longueur DC = AD, joignez B et C, le point O où la ligne BC coupe xy est le point cherché.

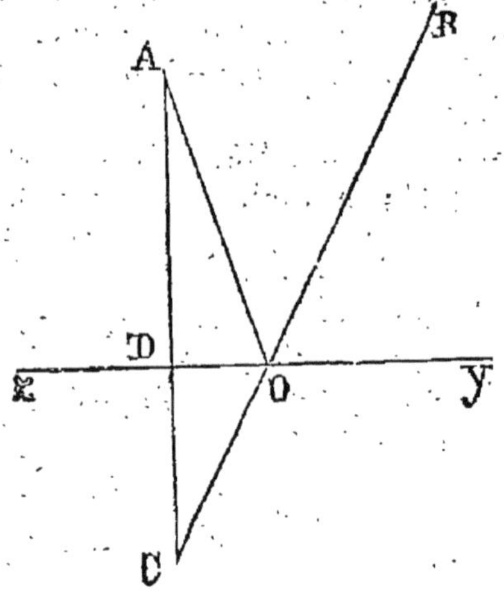

En effet, menez AO, les triangles AOD et DOC sont égaux, comme ayant un angle égal compris entre côtés égaux, donc AO = OC et BC = BO + OA. Or BC, étant une ligne droite, est le plus court chemin de B à C, et par conséquent de B à A en passant par le point O. Par la même raison, le plus court chemin de A à B en passant par la ligne xy est AO + OB.

27. — Soient AB la ligne donnée, D et C les points connus.

Premier cas. — C et D placés d'un même côté de la droite donnée et déterminant une ligne oblique à AB. Au milieu E de CD élevez une perpendiculaire, prolongez-la jusqu'à la rencontre de AB, le point G où cette rencontre a lieu est le point cherché. En effet, si on tire les lignes GC et GD, elles sont égales comme obliques s'écartan également du pied de la perpendiculaire GE, donc G est à égale distance de C et de D.

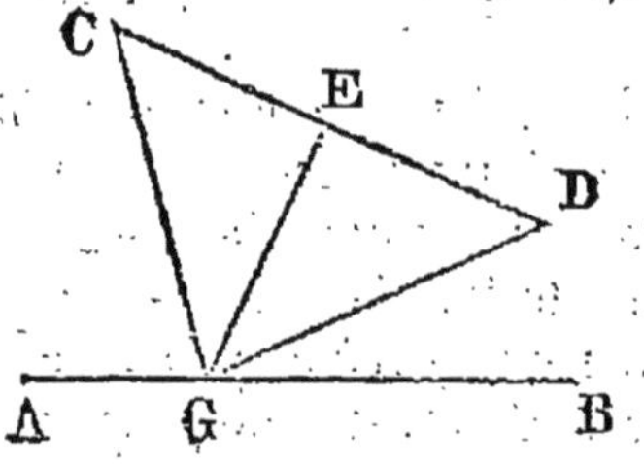

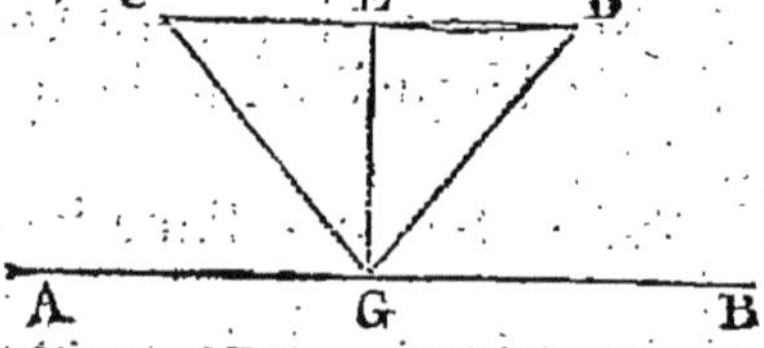

Deuxième cas. — C et D placés d'un même côté de AB et déterminant une ligne CD parallèle à AB. La construction et les démonstrations sont les mêmes que pour le premier cas.

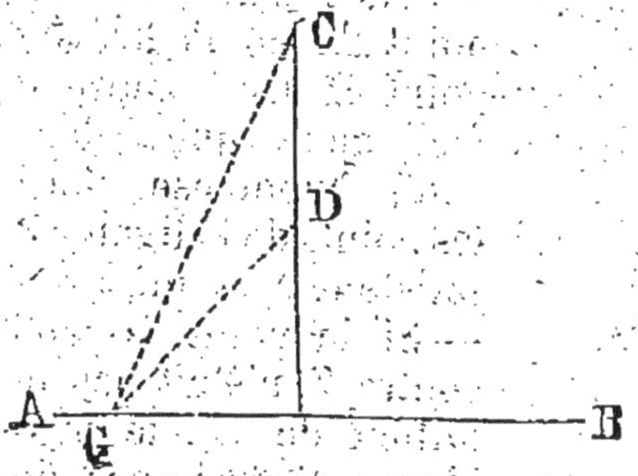

Troisième cas. — C et D placés du même côté de AB et déterminant une ligne CD perpendiculaire à cette droite. — Le problème n'a pas de solution possible. En effet, il faudrait que les obliques CG et DG, partant de deux points différents d'une même perpendiculaire DG, fussent égales, ce qui ne peut être.

Quatrième cas. — C et D, placés des deux côtés de la ligne AB et déterminant une oblique CD, la perpendiculaire EG tombait entre A et B. — Même construction, même démonstration.

Cinquième cas. — C et D déterminant une ligne CD, telle que le point G se trouve sur le prolongement de AB. Il ne pourrait y avoir un autre point entre A et B satisfaisant au problème. Supposons, en effet, que G' fût ce point; on aurait donc G'C = G'D, dont le triangle DG'C serait isocèle et la ligne qui joint le sommet du triangle au milieu de sa base serait perpendiculaire à cette base CD, d'où il suivrait que, du même point E, on peut élever deux perpendiculaires à CD, ce qui est impossible.

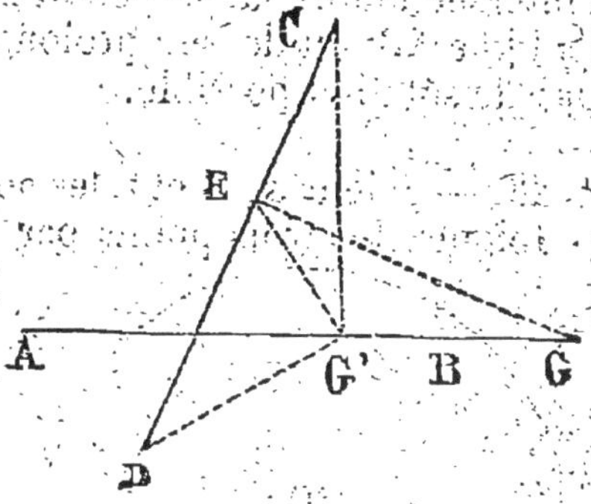

Sixième cas. — Les points C et D, placés des deux côtés de AB et déterminant une ligne CD perpendiculaire à cette droite. — Il n'y a qu'une solution possible, c'est que le point d'intersection des deux droites soit sur le milieu de CD, ou en d'autres termes, que les points C et D se trouvent par la donnée elle-même à égale distance d'un côté du point A, de l'autre du point B. On comprend facilement que, dans cette hypothèse, tous les points de la ligne AB satisfont à la question. — Si le point de rencontre E n'était pas le milieu de CD, le problème n'aurait pas de solution possible ; en effet, supposons que les points donnés aient été C' et D', dont le milieu est en E', il est évident que la perpendiculaire E'G est parallèle à AB, donc elle ne saurait la rencontrer, et cependant, comme le prouvent les cas précédents, le point cherché ne peut se trouver qu'à l'intersection de la perpendiculaire élevée en E' et de la ligne AB, ou de son prolongement. — Donc il n'y a pas de solution possible.

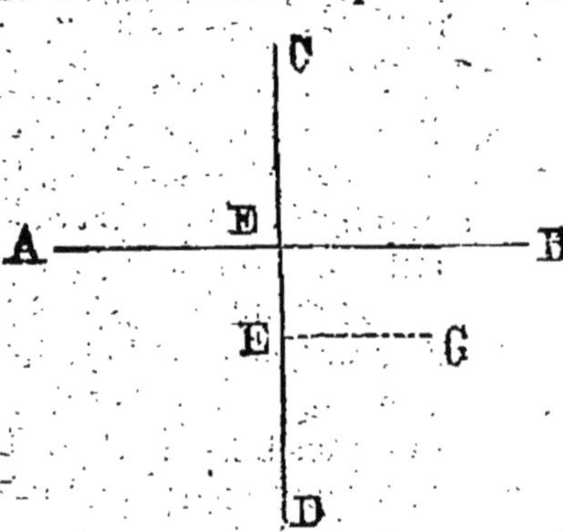

28. — Soient A, B et C les points donnés.

Joignez les trois points par les directes AB et BC. Les points A, B et C devant se trouver sur la circonférence, les lignes AB et BC sont donc des cordes d'arcs ; par le milieu I et H de ces cordes, élevez des perpendiculaires qui se rencontreront en un point O, lequel est le centre de la circonférence cherchée.

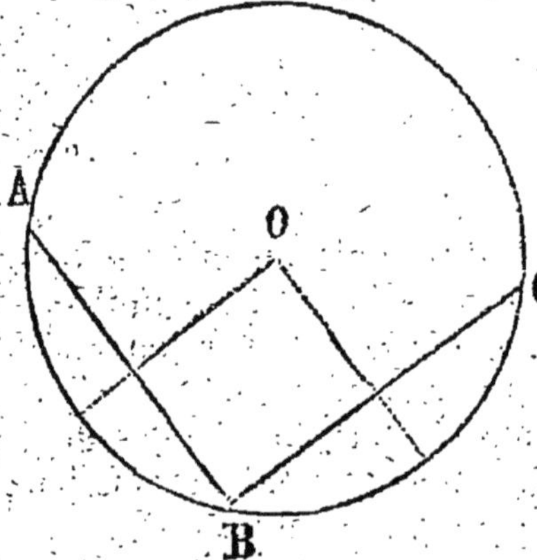

On voit, en effet, que les lignes OA, OB, OC, seraient égales comme obliques, s'écartant également du pied des perpendiculaires; donc, si des points O avec OA pour rayon, on décrit une circonférence, elle passera par les deux autres points B et C.

29. — Soient donnés le point A et la circonférence O.

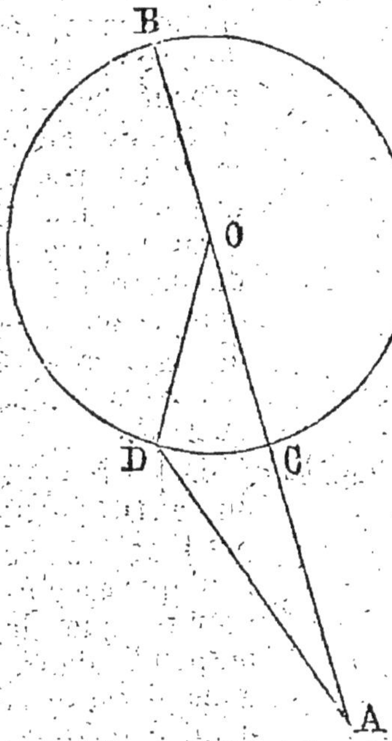

Joignez A au centre O et prolongez jusqu'au B; AC sera la plus courte distance de A à la circonférence, et AB sera la plus longue.

En effet, supposons que la plus courte distance soit en un autre point D, joignez OD et DA, on aurait donc $OD + DA < OC + CA$ ou $OD = OC$ comme rayon d'où il s'ensuivrait que la ligne brisée entre deux points serait plus courte que la ligne droite, et que la sommo de deux côtés d'un triangle serait plus petite que le troisième côté, ce qui ne saurait être; donc C est le point demandé.

Je dis que B est le point de la circonférence le plus éloigné de A. En effet, on a dans le triangle ODA, $DA < OA + OD$. or. $OD = OB$ comme rayons, donc, $AD < AO + OB$ ou $< AB$.

On doit se rappeler que D est pris quelconque sur la circonférence ; on pourra donc discuter le problème en le changeant de place, et de façon que la ligne AD entre dans la circonférence.

30. — La perpendiculaire abaissée du centre sur la droite détermine le point le plus rapproché.

Soient donnés le cercle O et la ligne AB, prenez OI perpendiculaire à AB, IK sera la plus courte distance.

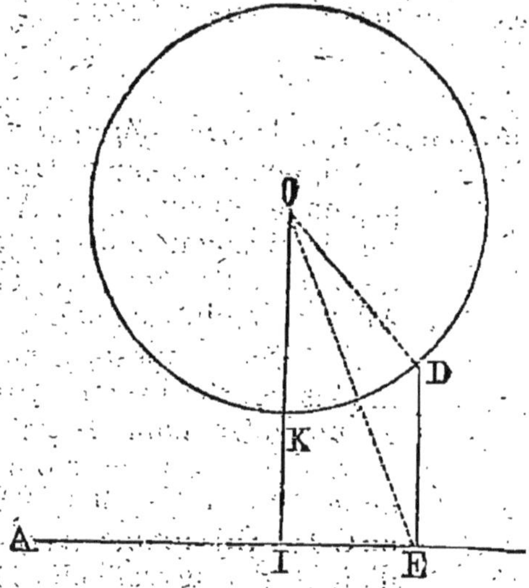

Supposons, en effet, que IK ne soit pas la plus courte distance et que le point D quelconque puisse être plus rapproché de AB ; il est évident que la plus courte distance à AB serait la perpendiculaire DE abaissée sur cette droite ; mais KI est plus petit que DE.

En effet, tirons OD et OE, on a OE $<$ OD $+$ DE, mais on a OE $>$ OI, par la raison que l'oblique est plus grande que la perpendiculaire, donc il est évident, *à fortiori*, que

OI $<$ OD $+$ DE,

or,

OI $=$ OK $+$ KI,

d'où

OK $+$ KI $<$ OD $+$ DE,

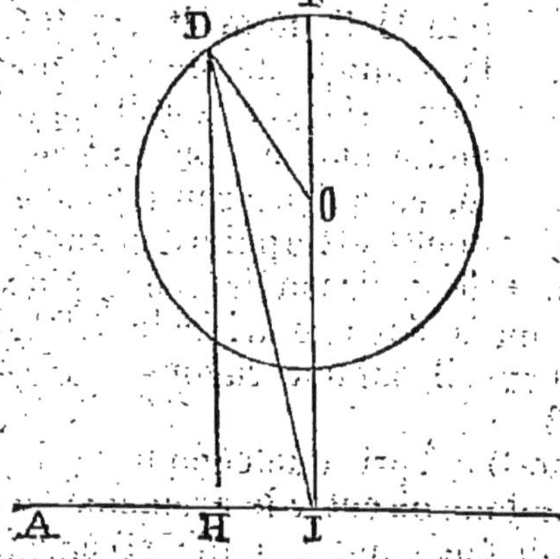

mais encore OK $=$ OD, comme rayons, donc il reste KI $<$ DE.

Soient donnés le même cercle O et la même ligne AB, abaissez de même OI, perpendiculaire à AB, et prolongez cette perpendiculaire jusqu'à sa rencontre en F avec la circonférence; IF sera la plus longue distance entre la circonférence et la droite.

Prenons un point quelconque D, je dis que l'on a $ID < IF$. En effet, abaissons la perpendiculaire DH qui est la plus courte distance de D à AB. On a $DH < DI$, mais $DI < OI + OD$ ou par suite de $OD = OF$ on a $D < IF$, et *à fortiori*, $DH < IF$.

31. — La plus courte distance est la ligne des centres diminuée de la somme des rayons des deux circonférences.

Démontrons que toute autre ligne que AB, conduite entre les deux circonférences, est plus longue que AB.

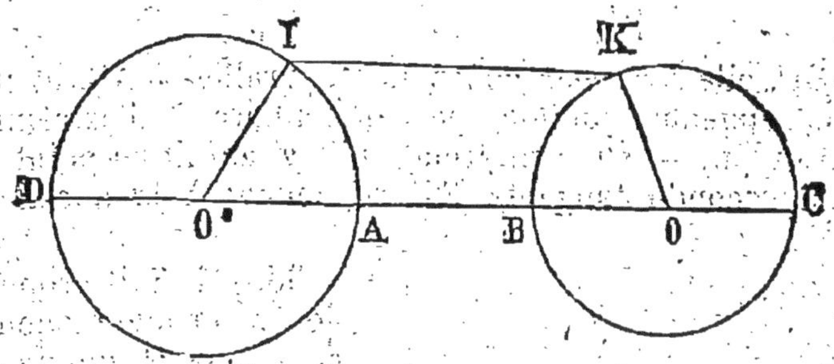

Soit, par exemple, la ligne quelconque IK; tirez les rayons O'I et OK.

En effet, on a $OB + BA + AO' < OK + KI + IO'$; mais $AO' = O'I$ et $OB = OK$, donc il reste $AB < IK$.

De même CD est la plus grande distance possible $IO' + O'O + OK > IK$, mais $O'I = O'D$ et $OK = OC$, donc $DO' + O'O + OC > IK$, d'où $DC > IK$.

On devra se rappeler que IK est quelconque, et on pourra s'exercer en supposant d'autres positions aux points I et K.

32. — Soit donnée la droite AB, menez au cercle O une tangente parallèle à AB.

Abaissez du centre de la circonférence une perpendiculaire sur AB ; menez au point R une perpendiculaire

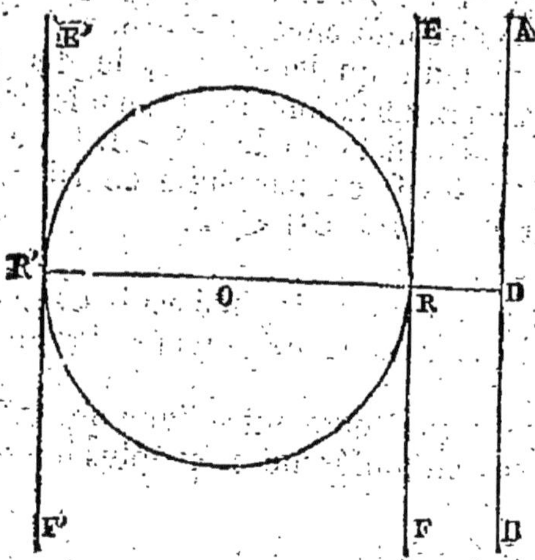

à OD, elle sera, par conséquent, parallèle à AB, et elle est tangente comme perpendiculaire à l'extrémité du rayon. — On comprend qu'il y aurait au point R' une seconde tangente E'F' répondant à la question.

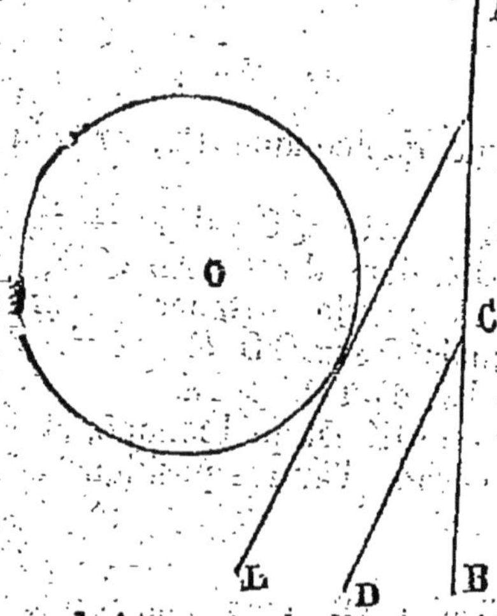

33. — 1° Soit proposé de mener une tangente au cercle O qui fasse avec la droite AB un angle aigu *m*.

Formez au point C, pris sur AB, un angle égal à *m* et menez une tangente parallèle à DC (voir le problème précédent), ce sera la tangente demandée.

En effet, l'angle LAC = DCB = *m*.

Il y aurait une conde tangente de l'autre côté de la circonférence.

2° Si l'angle donné est droit, le problème consiste

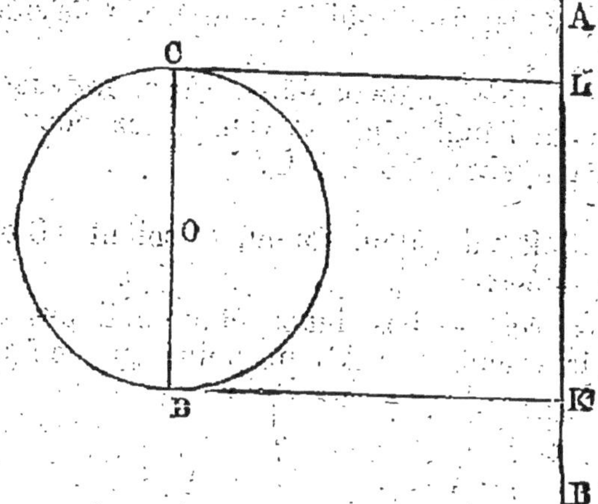

à mener une tangente perpendiculaire à la droite donnée.—Menez par le centre O un diamètre parallèle à AB;

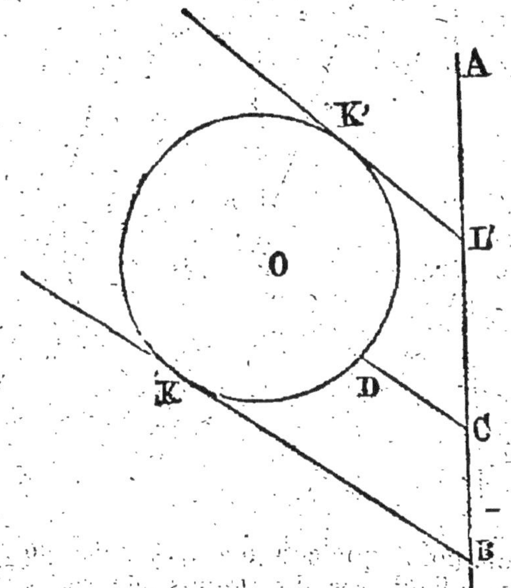

des points C et D abaissez des perpendiculaires sur

AB, vous aurez deux tangentes satisfaisant à la question. Ce qui est trop évident pour avoir besoin d'être démontré.

3° Soit donné l'angle *m* obtus. Raisonnez exactement comme pour l'angle aigu, et vous aurez pour solution les deux tangentes KB et KL'.

34. — Soit *r* le rayon connu, et soient AB et CD les lignes données.

Premier cas. — Les lignes étant obliques l'une et l'autre, je prends sur AB un point quelconque M, et

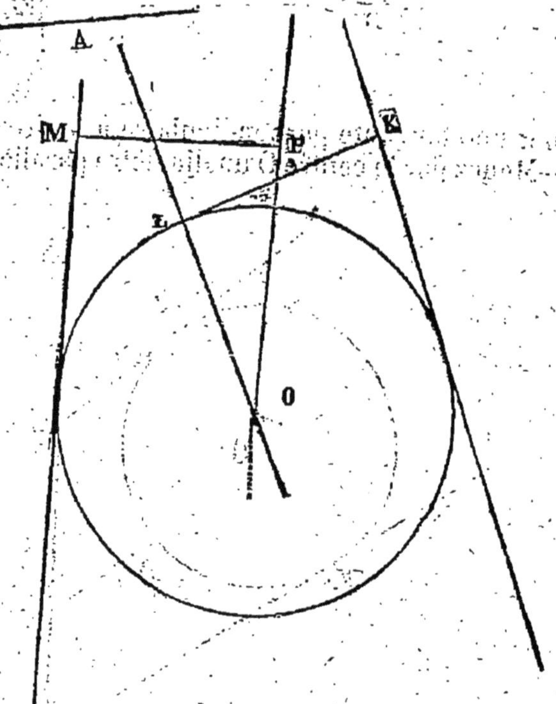

sur CD un point quelconque K; par ces points j'élève des perpendiculaires. Je prends sur ces perpendiculaires des longueurs MP et KL égales à *r*; par le point P je mène une parallèle à AB et par le point L une parallèle à CD. Le point O où se rencontrent ces parallèles est le centre du cercle cherché.

En effet, le centre doit se tracer à la fois sur PO et LO ; donc il doit se trouver à leur intersection.

Deuxième cas. — Les lignes étant parallèles, le problème n'est possible que si le rayon donné r est égal à la moitié de la perpendiculaire EF, mesurant la distance des deux parallèles.

Troisième cas. — Les droites données étant perpendiculaires l'une à l'autre, je prends, à partir du point E,

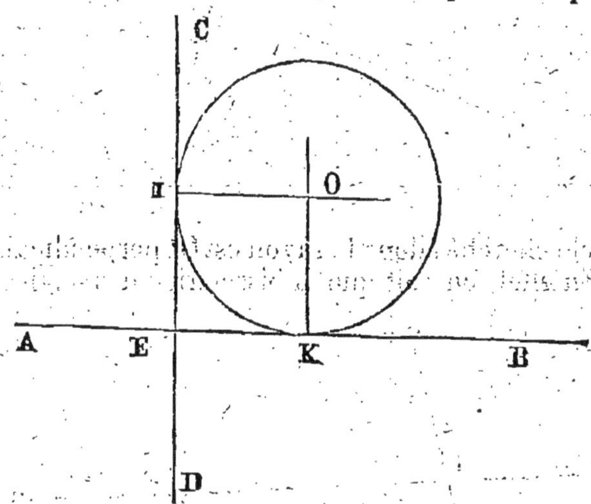

intersection des deux perpendiculaires, les longueurs EK et EI, égales à r. Par les points K et I, je mène des perpendiculaires qui se coupent au point O, lequel est le centre de la circonférence cherchée. — En effet, IO OK, IE et EK forment évidemment un carré dont les côtés sont égaux et par suite OI et OK sont égaux à r. — On voit qu'il peut y avoir quatre circonférences satisfaisant à la question, en opérant dans les quatre angles.

35. — ***Premier cas.*** — Les trois droites forment un triangle.

Soit le triangle ABC; je mène les bissectrices des trois angles, et leur point de rencontre O est le centre

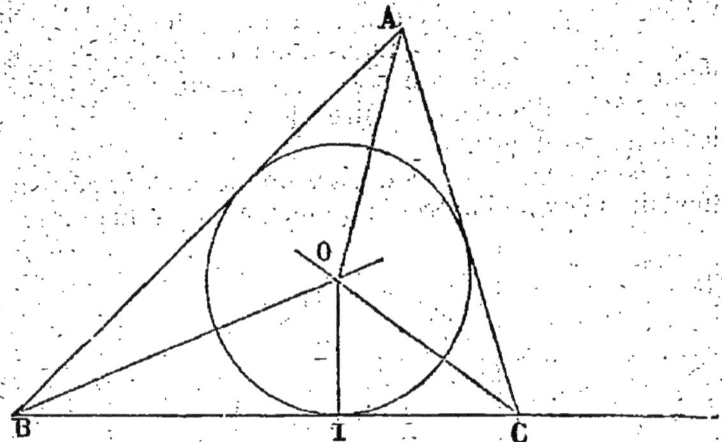

du cercle cherché; donc le rayon est OI perpendiculaire à BC. En effet, on sait que la bissectrice des angles du

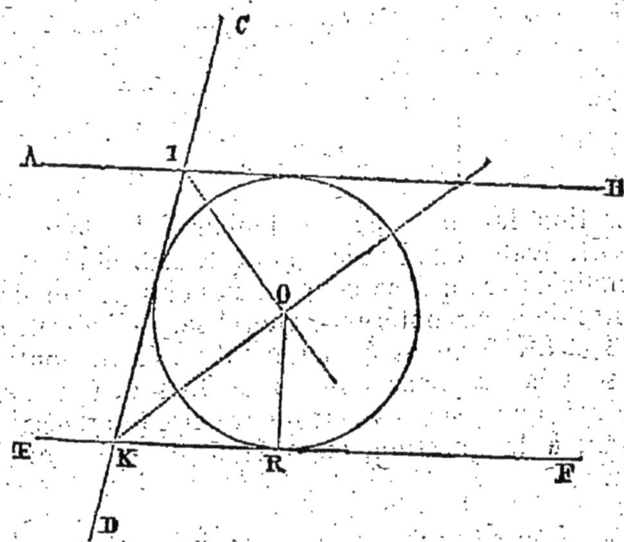

triangle n'est qu'une intersection commune, et que les

perpendiculaires abaissées de ce point sur les trois côtés sont égales.

Deuxième cas. — Deux des lignes étant parallèles, menez les bissectrices des angles KIB et IKF ; le point O où elles se rencontrent est le centre de la circonférence demandée, et OR en est le rayon.

On pourrait avoir une seconde solution en opérant d'une manière analogue, de l'autre côté de la ligne CD, le centre se trouverait à l'intersection des bissectrices des angles AIK et IKE, le rayon serait la perpendiculaire abaissée de ce point d'intersection sur une des trois droites.

Troisième cas. — Si les trois droites étaient parallèles entre elles, il est évident que la parallèle du milieu

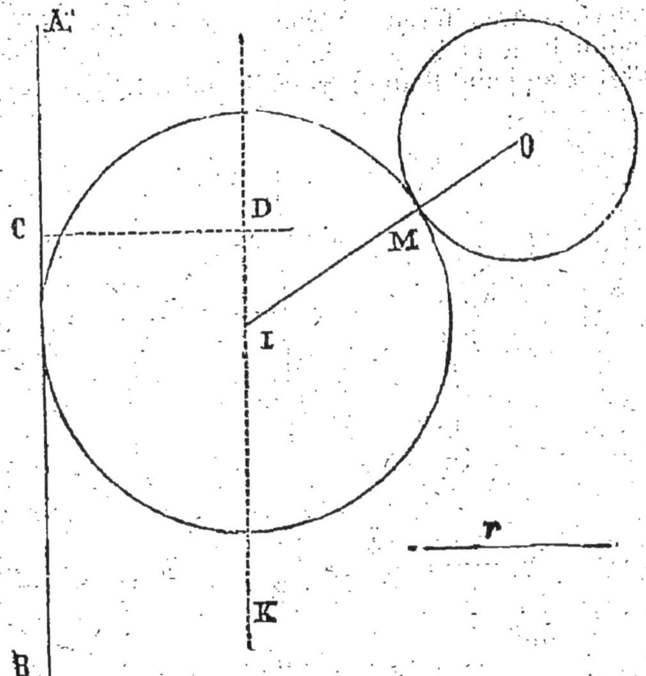

coupera toujours la circonférence; donc le problème serait insoluble.

36. — Soient donnés le rayon r, la circonférence dont le centre est O, et la ligne AB.

Du point quelconque C, j'élève sur AB une perpendiculaire sur laquelle je prends une longueur CD $= r$. Par le point D, je mène DK parallèle à AB. Du centre O de la circonférence donnée avec une longueur égale au rayon de ce cercle, plus la longueur connue r, décrivez un arc jusqu'à ce qu'il coupe DK en un point I, lequel sera le centre de la circonférence cherchée.

En effet, ce centre se trouvant sur DK est à une distance égale à DC $= r$; il est par construction à une distance IM $= r$ de la circonférence donnée ; donc il est bien le centre de la circonférence cherchée.

37. — Soient données la ligne MN et la circonférence O, la circonférence à trouver devant être tangente au point B de la ligne MN.

Elevez au point B une perpendiculaire BA, prolongez

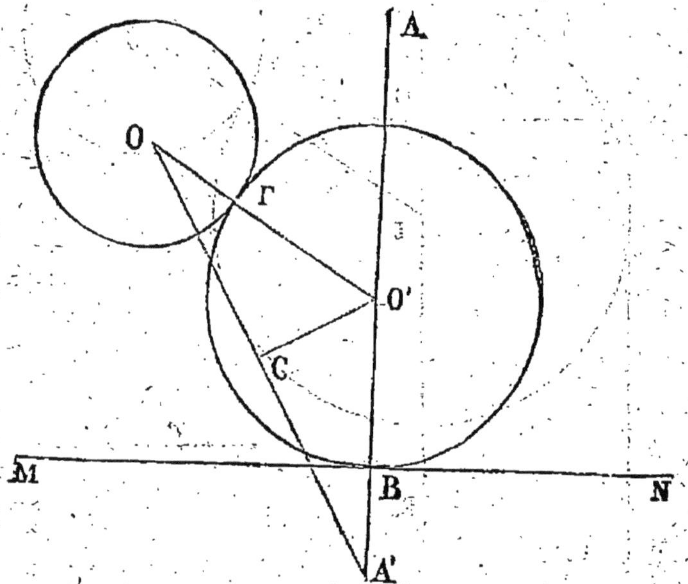

cette perpendiculaire au-dessous de MN d'une longueur

BA' = OE, rayon de la circonférence connue, tirez A, et sur le milieu C élevez une perpendiculaire qui coupera la ligne A'A au point O', lequel est le centre de la circonférence cherchée ; en effet, O'O = O'A comme obliques, également écartées du pied de la perpendiculaire CO', mais BA' = OE, par construction ; donc O'E = O'B, et la circonférence décrite de O' avec O'B pour rayon, sera, par ce fait même, tangente à MN au point B, et le sera à la circonférence O au point E.

Ce problème peut avoir une autre solution. — Soient de même donnés la ligne MN, la circonférence O et le point B sur MN.

Au point B, élevez la perpendiculaire BA ; prenez sur cette perpendiculaire une longueur BG, égale au

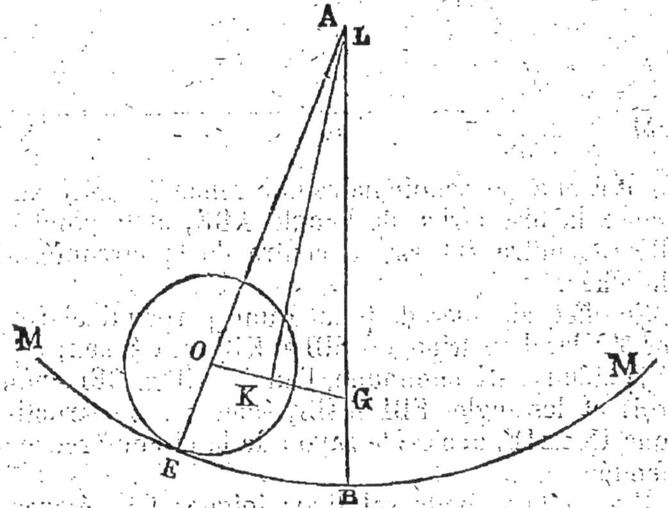

rayon de la circonférence O ; joignez OG, sur le milieu K, élevez une perpendiculaire qui rencontrera BA au point L ; de ce point L, si vous décrivez une circonférence avec LB pour rayon, elle satisfera aux conditions du problème. — En effet, LO + OE = LG + GB, puisque LO et LG sont des obliques également écartées du pied de la perpendiculaire, et que BG = OE par construction.

38. — Soient MN la ligne donnée, O la circonférence et E le point de tangence déterminé sur cette circonférence.

Menez le rayon OE et prolongez-le jusqu'à sa rencontre avec MN au point A; menez sur la droite OA au

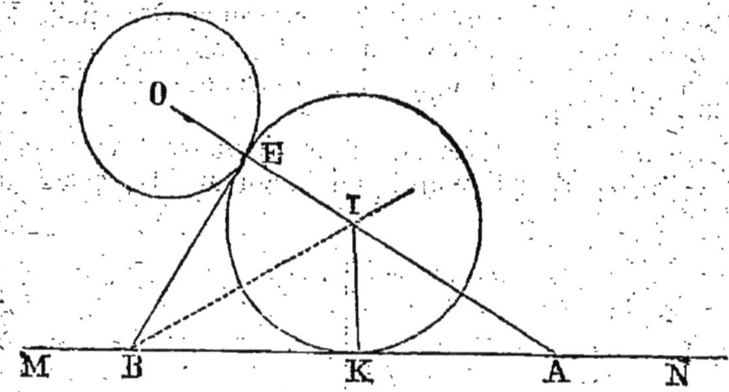

point E une perpendiculaire qui rencontre MN en B; menez la bissectrice de l'angle ABE, et le point I où elle rencontre OA est le centre de la circonférence cherchée.

En effet, abaissez du point I une perpendiculaire IK sur MN les deux triangles EBI et KBI sont égaux; ils ont l'hypoténuse BI commune, l'angle IKB = BEI comme droit et les angles EBI et IBK égaux par construction· donc IK = IE, et c'est le rayon de la circonférence demandée.

Il y a une seconde solution; joignez OE, élevez au point E une perpendiculaire à OE, prolongez-la jusqu'à sa rencontre en B avec MN, menez la bissectrice de l'angle EBM, et conduisez-la jusqu'à sa rencontre avec EO prolongée, rencontre qui a lieu au point L; abaissez de ce point une perpendiculaire LA sur MN; L sera le centre de la circonférence cherchée et LA son rayon.

En effet, les deux triangles LAB et LEB sont égaux,

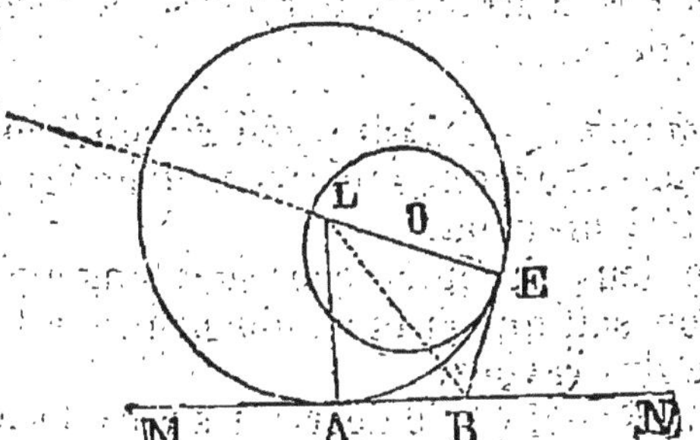

donc LA = LE.

39. — Soient O et O' les circonférences donnés et r le rayon connu.

Premier cas. — Décrire la circonférence tangente extérieurement. Du point O avec une longueur égal au rayon de $O = r$, je décris un arc de cercle;

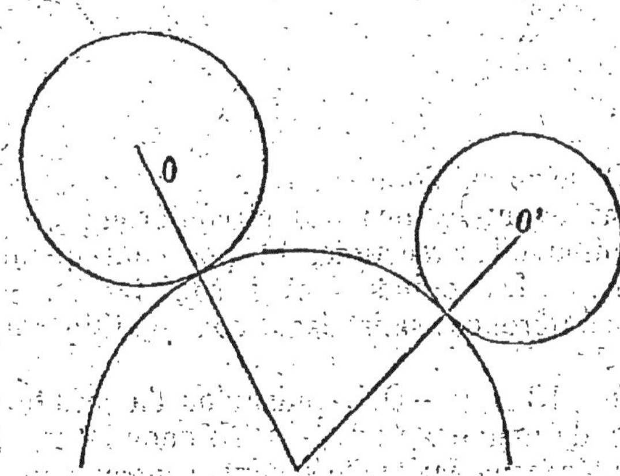

du point O, avec une largeur égale au rayon de $O' + r$, je décris un autre arc; le point I, où la rencontre de ces arcs a lieu, est le centre de la circonférence cherchée.

On pourrait décrire une autre circonférence tangente au-dessus des deux circonférences en opérant de la même manière.

Deuxième cas. — Décrire une circonférence de façon que les deux circonférences données soient tangentes intérieurement.

Lorsque deux circonférences sont tangentes intérieurement, on sait que la ligne du centre est égale à la différence des rayons.

Des points O et O′, je décris des arcs de cercle avec des longueurs égales à la différence des rayons de O

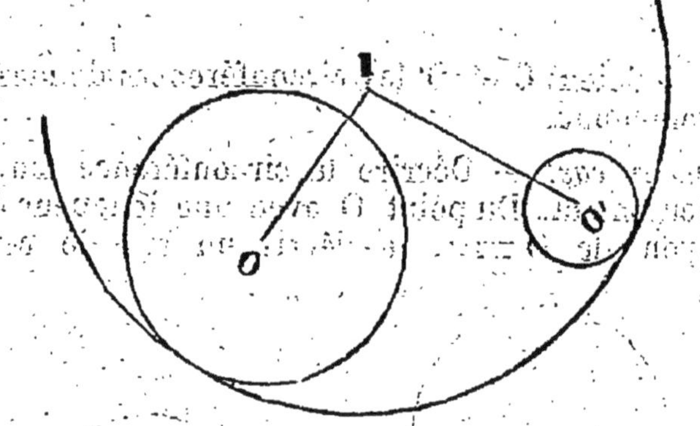

et de O′ avec r. Comme on peut décrire les arcs au-dessus et au-dessous des circonférences, on aura deux points d'intersection, et par conséquent deux solutions. — Les points I et I′ sont les centres des deux circonférences satisfaisant aux conditions du problème.

En effet, $IO = r - OM$, puisqu'on l'a pris tel; donc $IK = r$; de même $IO' = r - O'N$; donc $IP = r$; donc la circonférence décrite de I pour centre avec r pour rayon sera tangente aux points K et P de O et O′. — On démontrerait de même la tangence de la circonférence décrite de I′ avec r pour rayon.

Troisième cas. — Décrire la circonférence de telle

façon que l'une des circonférences données soit tangente extérieurement et l'autre intérieurement.

Soit proposé de décrire la circonférence tangente intérieurement à O et intérieurement à O'.

La ligne des centres de deux circonférences tangentes extérieurement est égale à la somme des rayons, et la ligne des centres de deux circonférences tangentes intérieurement est égale à la différence des rayons.

Du point O' comme centre avec une longueur égale au

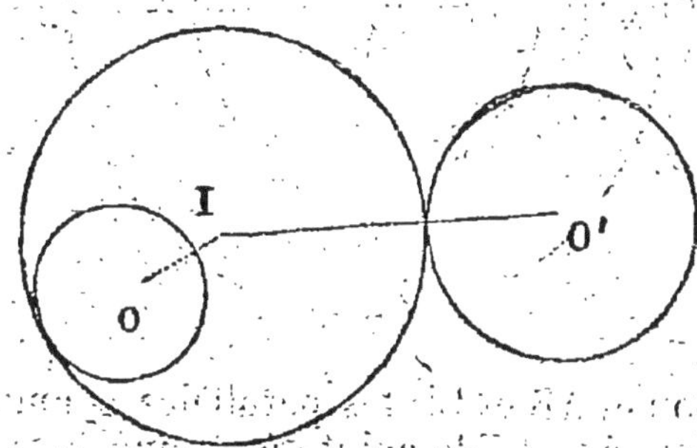

rayon de O' $+ r$, je décris un arc; du point O avec une longueur égale à la différence du rayon de O et de r, je décris un autre arc. — Les points I et I' répondent également comme centres à la question.

On démontrera facilement, en se rapportant aux cas précédents, que IK $=$ IM $= r$.

On opérerait d'une manière analogue pour que la circonférence fût tangente extérieurement à O' et intérieurement à O.

40.— Par trois des points donnés A, B, C, faites passer une circonférence ; joignez le centre de cette circonférence au quatrième point D, prenez la moitié de BD, ce qui donne le point M; puis, du point O comme centre avec OM pour rayon, décrivez une circonférence, ce sera celle que vous cherchez.

En effet, DM $=$ MB $=$ CL $=$ AT.

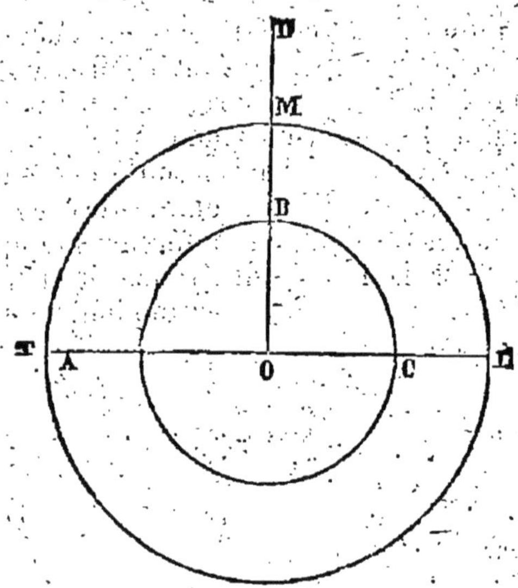

41. — Soient AB et CD les parallèles connues, *m* la longueur donnée, et E le point déterminé de la sécante.

Du point E abaissez EF, perpendiculaire à CD; du point G, où cette perpendiculaire rencontre AB, tracez,

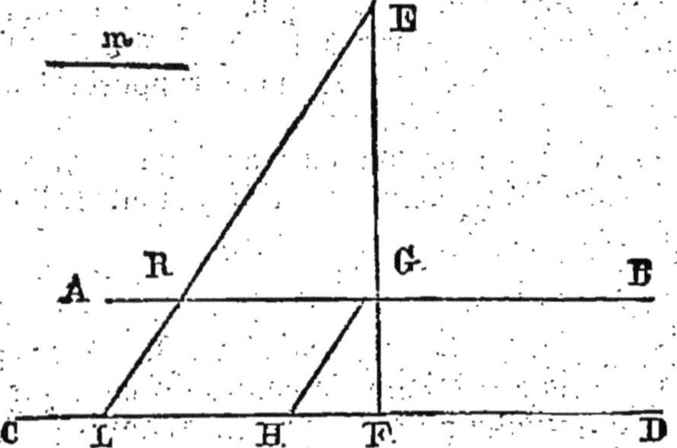

avec une ouverture de compas égale à *m*, un arc qui coupe CD au point H; joignez HG, puis, du point E, menez EL parallèle à HG, ce sera la sécante demandée.

42. — Soit C le point donné et O la circonférence.

Menez en un point quelconque une corde AB égale à OR, rayon de O; abaissez OE perpendiculaire à cette corde, et avec OE pour rayon décrivez une circonférence;

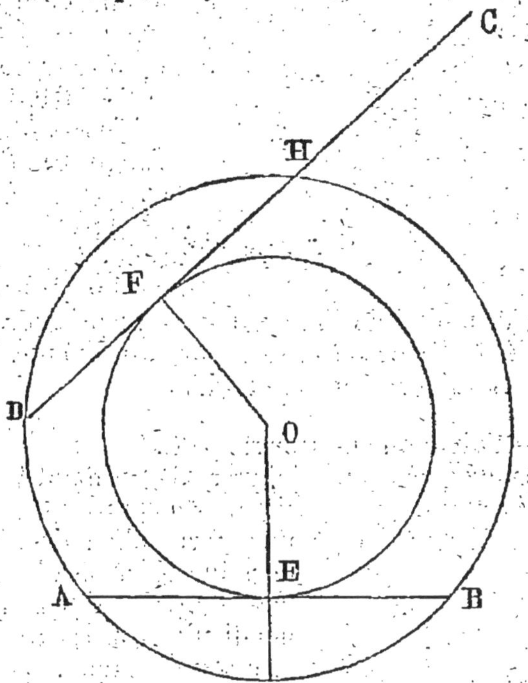

du point C menez une tangente CD à cette circonférence, elle sera la sécante que vous cherchez.

Je dis que HD = AB = OR; en effet, joignez le point de tangence F au centre O, OE et OF sont égales comme rayons d'un même cercle, dont, les deux cordes DH et AB sont également distantes du centre; donc elles sont égales.

43. — Soit proposé de chercher la mesure de l'angle BAP formé par la corde AP et la droite AB.

Prolongez BA jusqu'à la rencontre de la circonférence en D, par le point A menez une tangente MN

L'angle PAM a pour mesure la moitié de l'arc ARP, mais BAM = NAP, et NAP a pour mesure la moitié de l'arc AR; P donc BAM a pour mesure $\frac{1}{2}$ AR P donc MAP + BAP, ou BAP a pour mesure $\frac{1}{2}$ ARP + $\frac{1}{2}$ DAP.

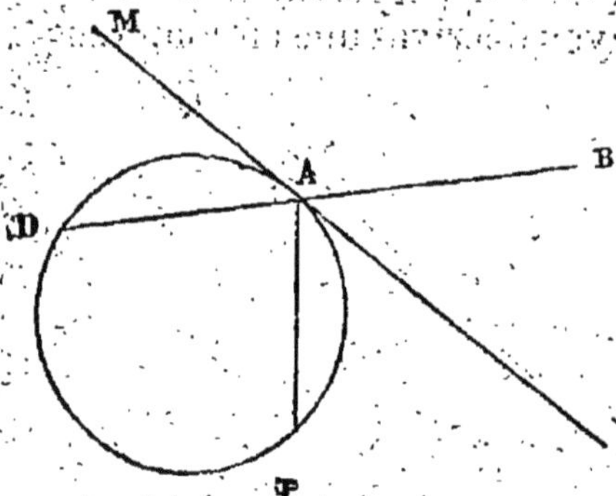

C'est-à-dire que l'angle formé par une corde et une ligne extérieure aboutissant à l'extrémité de la corde a pour mesure la moitié de l'arc sous-tendu par la corde, plus la moitié de l'arc sous-tendu par le prolongement de la ligne extérieure dans le cercle.

44. — Soit donné le triangle ABC.

Faites le carré de BC, joignez AD, au point I où cette ligne rencontre BC élevez une perpendiculaire IK, par le point K menez KL parallèle à BC, abaissez la perpendiculaire LG; IKLG sera le carré demandé.

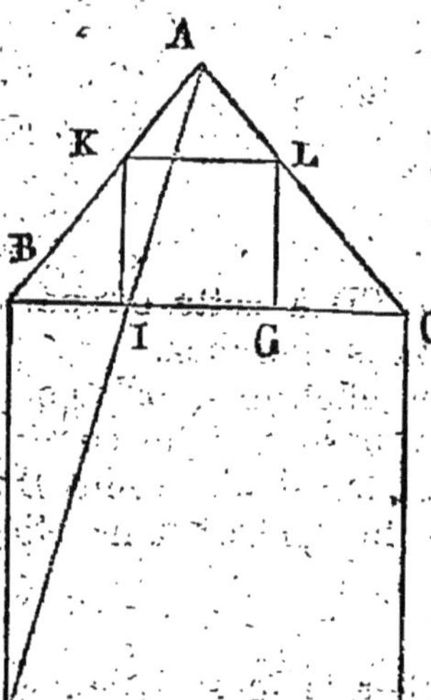

En effet on a :

KI : BD : : AK : AB

et KL : BC : : AK : AB

d'où KI : KL : : BD : BC

Mais BD = BC;

donc IK = KL, et IKLG est un carré.

On peut construire d'une autre façon :

Soit donné le triangle ABC, abaissez la perpendiculaire AH (qui est la hauteur du triangle), prolongez BC d'une longueur CK = AH; au point K élevez une perpendiculaire KL = AH, joignez BL au point C, élevez une perpendiculaire sur BK ; au point I, où elle rencontre BL, menez une parallèle à BC, la ligne MN sera le côté du carré cherché ; ce carré sera MNSR. On peut le démontrer au moyen de la première construction.

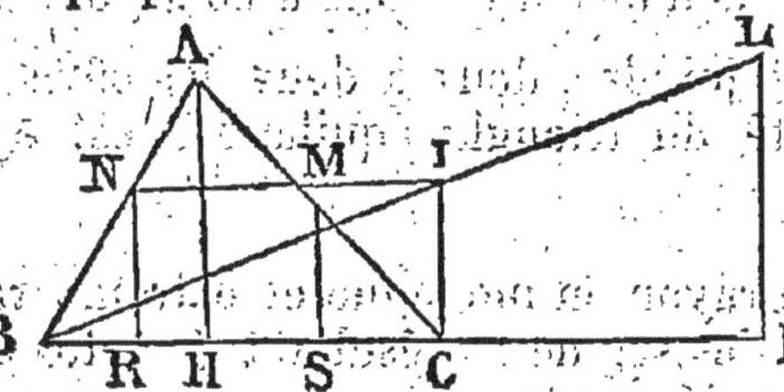

45. — On mène deux diamètres, AC, BP, qui se coupent à angles droits ; on joint leurs extrémités par les droites AB, BC,... le quadrilatère inscrit ABCP est un carré. En effet, ses côtés sont des cordes d'arcs égaux, et chacun de ses angles, ex. : BAP, est droit, comme inscrit dans un demi-cercle.

On obtient un carré circonscrit, FEGH, en menant des tangentes aux extrémités des diamètres AC-BP. En effet, chaque côté du quadrilatère obtenu est égal au diamètre opposé, et ses angles son évidemment droits.

Il existe entre la valeur numérique du rayon R et celle du côté du carré inscrit, que nous appellerons c, une relation remarquable. Dans le triangle rectangle

$$\hat{AOB},\ \overline{AB}^2 = \overline{AO}^2 + \overline{OB}^2 ;$$

$$\text{autrement dit : } c^2 = R^2 + R^2 = 2R^2 ;$$

$$\text{d'où } c = \sqrt{2R^2} = R\sqrt{2}.$$

Si le rayon est l'unité linéaire, si $R = 1$, $c = \sqrt{2}$.

Connaissant la valeur du rayon R, on aura, en général, la valeur du côté c en évaluant $\sqrt{2}$ avec une approximation plus ou moins grande, et multipliant la valeur de R par le résultat.

Quant au côté du carré circonscrit, il est précisément égal au diamètre ; $C = 2R$.

46. — Le côté de l'hexagone étant égal au rayon, il suffit d'ouvrir six fois une corde égale à ce rayon.

47. — Il suffit de joindre, deux à deux, les côtés de l'hexagone. Le côté du triangle équilatéral est égal Rpp3.

48. — Divisez le rayon en moyenne et extrême raison, le plus grand des segments résultant de cette division est le côté du décagone.

49. — Joignez deux à deux les côtés du décagone.

50. — Divisez en deux parties égales chacun des arcs sous-tendus par les côtés du premier polygone, puis joignez chaque point de division aux deux extrémités de la première corde.

51. — Menez un rayon perpendiculaire à chacun des côtés du polygone inscrit, puis, par les points de contact de ces rayons avec la circonférence, menez des tangentes, vous formerez ainsi le polygone semblable circonscrit.

52. — Menez les bissectrices des trois angles. Leur point de rencontre sera le centre de la circonférence cherchée, le rayon égal à la perpendiculaire abaissée de ce point sur un des côtés.

53. — Soient b, c les centres d'un triangle, déterminer l'angle qu'ils doivent former pour construire le triangle, sachant que le troisième côté opposé à cet angle est

$$\sqrt{b^2 + c^2 - bc}.$$

On sait que le carré du côté d'un triangle opposé à un angle droit est égal à la somme des carrés des deux autres côtés. Si l'angle cherché était droit, on aurait dû avoir pour valeur du troisième côté $\sqrt{b^2 + c^2}$.

On sait aussi que le carré du côté d'un triangle opposé à un angle aigu est égal à la somme des carrés des deux autres côtés, moins deux fois l'un des côtés multiplié par la projection de l'autre côté sur lui.

Voyons si nous avons affaire à un angle aigu.

Menons $AB = b$ et $AB = c$, à angle aigu. Du point B, abaissons BD, perpendiculaire sur AC; tirons BC, on a $\overline{BC}^2 = \overline{AC}^2 + \overline{AB}^2 - 2AC + AD$, mais pour donnée on doit avoir $BC = \sqrt{\overline{AC}^2 + \overline{AB}^2 - \overline{AC} + AB}$, donc il faut qu'on ait $2AC \times AD = AC + AB$, d'où $AD = \frac{AC + AB}{2AC}$ d'où $AD = \frac{1}{2}AB$. — Le triangle BDA est rectangle D par construction; prenons le point K, milieu de AB, et supposons que de ce point comme centre avec KA pour rayon on décrive une circonférence : elle passera nécessairement au point B, et AB sera un diamètre; je dis qu'elle passera aussi au point D; en effet, le triangle ADB étant rectangle, l'angle ADB droit a pour mesure la moitié de la demi-circonférence; AB étant un diamètre, le point D doit se trouver sur la circonférence que nous traçons; donc $AD = AK = DK$ comme rayons, donc le triangle AKD est équilatéral, et l'angle que nous cherchons est égal à $\frac{180^\circ}{3}$ ou 60 degrés.

Pour construire le triangle on n'aura donc qu'à tracer d'abord la ligne $AB = b$, puis à former au point A un angle égal à 60 degrés, et prendre sur la ligne qui sera déterminée sur cet angle une longueur $AB = c$ et à joindre B et C.

Si on avait eu dans la donnée pour valeur du côté opposé $\sqrt{b^2 + c^2 + bc}$, l'angle à déterminer eût été un angle obtus, que l'on trouverait, en opérant de même, égal à 120 degrés. Ce serait l'angle complémentaire du précédent.

54. — 1° Prouvons d'abord que, si l'on trace une circonférence par les trois points A, B et C, elle jouit des propriétés demandées.

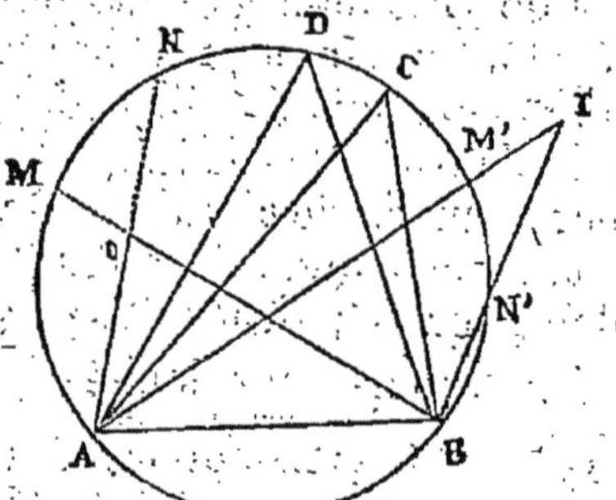

Tout point D, par exemple, pris sur l'arc, est le sommet d'un triangle jouissant des propriétés demandées, c'est-à-dire ayant même base AB, l'angle D = C, que le triangle ACB. En effet la base est la même, et l'angle D = l'angle C, comme comprenant le même arc entre leurs côtés.

2° Tout point pris en dehors de cette circonférence ne jouit pas de la propriété énoncée. Prenons d'abord le point dans la circonférence et prouvons que l'angle AOB n'est pas égal à l'angle ADB. AOB a pour mesure $\frac{AB}{2} + \frac{MN'}{2}$, il est donc plus grand que AD. Prenons le point en dehors. Je dis que AIB n'est pas égal à AOB, car AIB a pour mesure $\frac{AB}{2} - \frac{M'N'}{2}$, donc il est plus petit que AOB.

55. — 52 mètres 50 décimètres carrés.

56. — 18 mètres 06 décimètres 25 centimètres carrés.

57. — 12 mètres carrés.

58. — 42 mètres carrés.

59. — 144 mètres carrés.

60. — 1° La circonférence du cercle est égale au

diamètre multiplié par le rapport de la circonférence au diamètre qui est représenté par $\pi = 3,1415926$.

Si le rayon est de 3 mètres, la circonférence sera donc :

$$6 \text{ mètres} \times 3,1415926 = 18^{m},849.$$

61. — 2° La surface d'un cercle est égale à πR^2; donc le cercle proposé aura pour surface

$$9 + 3,1415926 = 56,547.$$

62. — On sait que la circonférence d'un cercle égale le diamètre multiplié par π,

$$\text{donc le diamètre} = \frac{\textit{circonférence.}}{S}$$

Ce qui donne dans le cas présent

$$\text{diamètre} = \frac{40000000}{3,1415926}$$

Le méridien n'étant pas une circonférence parfaite à cause des pôles, la longueur de diamètre donnée par cette formule est le diamètre moyen.

63. — Soit le cercle O, dont le rayon AB est connu. On sait que les surfaces des cercles sont entre elles comme le carré de leurs rayons ; il faudra donc que le carré du rayon cherché soit les 3/5 de $\overline{AB}^2$; ce qui ramène la question à construire un carré qui soit les 3/5 d'un autre carré.

Divisez AB en cinq parties égales; puis, sur AB comme diamètre, décrivez une circonférence ; au point où se termine la troisième des cinq parties égales de AB, à partir de A, élevez une perpendiculaire qui rencontre la circonférence dont AB est le diamètre au point C. Enfin, du point A comme centre, avec AC pour rayon, décrivez une circonférence, elle déterminera le cercle que vous cherchez.

En effet, une des propriétés du triangle rectangle est

que le carré de l'hypoténuse est au carré d'un des autres côtés, comme l'hypoténuse est à la projection de ce côté sur elle-même. Ainsi, l'angle ACB est droit

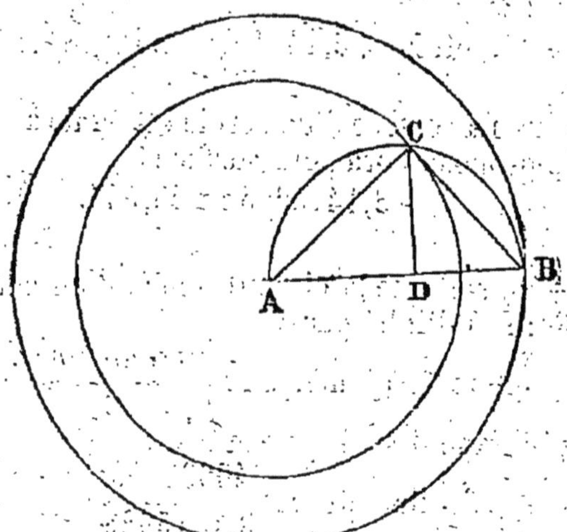

puisqu'il est sous-tendu par un diamètre, et on a dans le triangle ACB :

$\overline{AB}^2 : \overline{AC}^2 :: AB : AD$ ou $:: 5 : 3$, ce que l'on demandait.

TROISIÈME PARTIE

QUESTIONS A RÉSOUDRE

1. Comment peut-on mesurer un terrain d'une forme polygonale en se tenant sur les limites qui le circonscrivent?

2. Comment partager un quadrilatère en deux parties égales?

3. Comment construire un triangle dont on connaît

les lignes a, a', a'', qui joignent les angles au milieu des côtés opposés?

4. On connaît d'un parallélogramme le côté m et les deux diagonales a, a', on demande le côté adjacent à m.

5. On demande de construire un rectangle équivalant à un rectangle donné sur une longueur connue fournie comme base.

6. On donne deux parallèles et sur chacune d'elles un point. On demande de conduire par un troisième point donné en dehors de ces parallèles une sécante telle, que le rapport des distances de chaque point au point de jonction de la sécante avec la parallèle soit égal à un rapport connu.

7. On suppose trois lignes droites d'une longueur donnée et de position connue. On demande de trouver un point tel que, si on le joint aux extrémités de ces lignes droites, on puisse former des triangles équivalents.

8. De quelle espèce sera le quadrilatère formé en joignant par des lignes droites les milieux des quatre côtés d'un quadrilatère?

9. On demande, si l'on joint dans un quadrilatère les milieux des côtés opposés et les milieux des diagonales, comment se couperont ces trois droites?

10. Supposez deux lignes droites et dans l'angle qu'elles décrivent un point A; on demande un point tellement situé sur l'une de ces lignes que sa distance au point donné soit égale à la distance de l'autre ligne.

11. Si l'on mène d'un point connu à un cercle donné des lignes droites qu'on divise en deux parties dans un rapport connu, quel sera le lieu géométrique des points de division?

12. On donne deux triangles et un point; on demande de mener par ce point une ligne droite telle, que la somme des distances des sommets du premier triangle à cette ligne droite soit à la somme des distances correspondantes au second dans le rapport $\frac{a}{b}$.

13. On suppose une ligne droite dans le plan d'un polygone de n côtés. On demande de trouver un point tel, qu'en abaissant de ce point une perpendiculaire sur la ligne droite, cette perpendiculaire répétée n fois soit égale à la somme des perpendiculaires abaissées des sommets.

14. Comment peut-on construire un carré qui soit les $\frac{3}{5}$ d'un carré connu ?

15. On donne les bases M et m d'un trapèze et la hauteur H. On demande la surface du triangle total et du petit triangle formé par le prolongement des côtés qui ne sont pas parallèles.

16. Par quelle méthode peut-on construire un rectangle dont on connaît le contour et la surface ?

17. Par quelle méthode peut-on construire un rectangle dont on connaît le contour et qui soit équivalent à un rectangle connu.

18. On donne un point dans l'intérieur d'un cercle de rayon connu. On demande de mener une corde telle, que le rapport des segments soit égal à un rapport donné $\frac{b}{a}$.

19. On demande d'inscrire dans un cercle de rayon connu un triangle isocèle qui soit tel, que la somme de la base et de la hauteur égale une longueur donnée m.

20. On suppose deux circonférences concentriques et un diamètre commun dont on indique la position. On demande de mener une sécante qui coupe le diamètre sous un angle donné et qui soit partagée par la petite circonférence dans un rapport connu $\frac{a}{b}$.

21. On propose de mener par un point donné hors d'un cercle connu une sécante qui soit divisée en deux parties égales par ce cercle.

22. On donne un point extérieur à un cercle connu et l'on propose de tracer une sécante telle, que la somme

des carrés de la partie intérieure et de la partie extérieure soit égale à un carré connu a^2.

23. Soit A un point extérieur à une circonférence de rayon connu. On mène à cette circonférence des sécantes A, B, C, qu'on prolonge en sens inverse de longueur AD, telles que le rapport $\frac{AB}{AD}$ soit égal à un rapport donné $\frac{a}{b}$. On demande quel sera le lieu géométrique des extrémités de ces longueurs?

24. On donne un cercle, une tangente à ce cercle et un diamètre tracé par le point de tangence. On demande de conduire par l'autre extrémité de ce diamètre une sécante telle, que la partie extérieure comprise entre la tangente et la circonférence soit égale à une longueur donnée a.

25. On donne une droite dans le plan de deux cercles connus. On demande sur cette droite un point tel que la somme des carrés des tangentes menées aux deux cercles soit égale à un carré donné a^2.

26. Par quelle méthode peut-on inscrire dans un triangle MNO un rectangle dont les côtés soient dans un rapport donné $\frac{a}{b}$.

27. On demande d'inscrire dans un triangle un rectangle dont la surface soit égale à celle d'un carré c^2.

28. On demande d'inscrire dans un triangle un rectangle dont le contour soit égal à une longueur connue $2a$.

29. On demande sur une droite donnée dans le plan d'un triangle de trouver un point tel, que la somme des carrés des distances des sommets du triangle à ce point soit égale à un carré connu c^2.

30. On suppose une ligne droite quelconque dans le plan d'un polygone. On demande de trouver sur cette ligne un point tel, que la somme des carrés de ces distances aux sommets du polygone soit égale à un carré connu.

31. Dans un même plan on suppose une ligne droite et deux triangles. On demande de trouver sur cette ligne droite un point tel, que la somme des carrés des distances de ce point aux sommets du premier soit à la somme des carrés des distances du même point aux sommets du second triangle dans le rapport de deux nombres ou de deux longueurs connues a et b.

32. On donne un point A dans l'angle de deux lignes BC, BD; on demande de mener par ce point une sécante XAY telle, que le rapport des distances du sommet B au point où la sécante rencontrera chaque ligne droite soit égal à un rapport donné $\frac{a}{b}$. Cette distance sera comptée pour l'une des lignes droites à partir du sommet, pour l'autre à partir d'un point P distant du sommet d'une longueur connue $BP = l$.

33. On donne deux circonférences C', C qui se coupent. On demande de tracer par un des points d'intersection I une sécante commune AIB telle que la somme ou la différence des carrés des cordes comprises dans chacun des cercles soit égale à une surface connue :

$$\overline{AI}^2 \pm \overline{IB}^2 = l^2.$$

34. On demande la valeur de l'angle au sommet d'un polygone de c côtés.

35. Comment peut-on diviser un angle droit en trois parties égales?

36. On demande de couvrir une surface plane avec des polygones réguliers : 1° avec une seule espèce; 2° avec deux espèces; 3° avec trois espèces.

37. Par quelle méthode coupera-t-on les angles d'un carré de manière que la figure résultante soit un octogone régulier.

38. On demande de déterminer le côté d'un pentagone régulier en supposant connu le côté du décagone également régulier, qui sera inscrit dans le même cercle, et, de plus, connu le rayon de ce cercle.

39. On demande d'inscrire trois cercles égaux dans

un triangle équilatéral donné. On déterminera le rayon des cercles en fonction du côté a du triangle.

40. On demande d'inscrire, dans un cercle dont le rayon est A, trois autres petits cercles égaux qui seront tangents entre eux, et de déterminer le rayon des petits cercles en fonction du rayon du cercle donné.

QUATRIÈME PARTIE

SOLUTIONS SANS FIGURES

1. Il y a deux méthodes.

Par la première, on prendra dans l'intérieur du polygone un point quelconque. On mesurera la distance de ce point aux côtés du polygone ; on multipliera chaque côté par la distance qui lui correspond, et on calculera la moitié de la somme de tous les produits.

Par la seconde méthode, on tracera l'alignement des deux sommets qu'on croira les plus éloignés. Par les autres sommets, on abaissera des perpendiculaires, on décomposera ainsi le polygone en triangles et en trapèzes dont il n'y aura plus qu'à calculer séparément la surface.

2. Soit ABCD le quadrilatère proposé, il y a deux manières de résoudre le problème.

Par la première méthode, on tracera la ligne BE parallèle à AD, et l'on divisera BE de même que AD en deux parties égales aux points F et G. On tracera CF et FG ; les figures BCFGA, CFGD seront équivalentes.

Par la seconde méthode, on joindra CG ; on tracera FH parallèle à CG et l'on joindra GH. Les quadrilatère AGHB, CHGD seront encore équivalents.

On suivrait une semblable méthode pour diviser le quadrilatère en trois ou quatre parties égales.

3. On construira un parallélogramme ABCD tel, que deux des côtés adjacents AB, BC, soient égaux à $2a$ et $2a'$, et l'une des diagonales AC à $2a''$. On partagera l'autre diagonale BD en trois parties égales aux points EF et l'on joindra AE et AF. Le triangle AEF sera le triangle cherché.

4. Dans ce parallélogramme soit le second côté x.

$$x=\sqrt{\left(\frac{a^2+a'^2}{2}\right)-m^2}.$$

La construction de la figure ne présenterait aucune difficulté.

5. Il est évident que la hauteur du rectangle cherché sera une quatrième proportionnelle à la longueur connue, à la base et à la hauteur du rectangle donné.

6. Il faudra joindre entre eux les deux points et prendre sur cette ligne un point tel, que le rapport de ses distances aux deux parallèles soit dans le rapport indiqué. La ligne qui joint ce point et le point connu est la sécante cherchée.

7. On prolongera les côtés jusqu'à leur point de rencontre. On construira les lignes droites qui seront les lieux géométriques de points tels, que le rapport de leurs distances à deux côtés soit égal au rapport inverse des longueurs de ces côtés. Le point cherché se trouvera à la rencontre des deux lignes droites.

8. Le quadrilatère ainsi formé sera un parallélogramme, et sa surface sera égale à la moitié de la surface du premier quadrilatère.

9. Les trois lignes se couperont en un même point, et, si l'on joignait ensemble les milieux des côtés et les milieux des diagonales, on formerait deux parallélogrammes dont les côtés seraient parallèles aux côtés du premier quadrilatère.

10. On abaissera une perpendiculaire d'un point quelconque de la première ligne sur la seconde. Avec ce rayon on décrira un arc de cercle qui coupe en deux points la ligne qui joint l'intersection des lignes droites

et le point connu. Par le point connu, on mènera des lignes droites parallèles à ces rayons.

11. Le lieu géométrique sera une circonférence qui aura pour centre le point qui partage la distance du point connu au centre du cercle en deux parties dans le rapport donné, et dont le rayon sera au rayon du cercle donné dans le même rapport connu.

12. On cherchera le centre de gravité de chaque triangle; on divisera la ligne droite qui joint ces deux centres de gravité en deux parties dans le rapport $\frac{a}{b}$. La ligne cherchée passera par ce point. Le centre de gravité d'un triangle est à la rencontre des deux lignes médianes

13. Ce point sera le centre de gravité du polygone On trouve ce point facilement lorsqu'on a déterminé les centres de gravité des triangles a, a', a'', a''',..., en lesquels on peut le décomposer : soient c, c', c'', c'''... les centres de gravité de ces triangles, on joindra a, a', que l'on partagera au point p en deux parties qui soient dans le rapport inverse des triangles a et a'; on joindra pc'' que l'on partagera au point p' en deux parties dans le rapport inverse de $a+a'$ et a''. On partagera de même pc''' en deux parties qui soient entre elles dans le rapport inverse de $a+a'+a''$ et a''', et ainsi de suite... On partagera toujours la ligne droite de jonction en deux parties qui soient dans le rapport inverse entre la somme de tous les triangles précédents et du triangle qu'on étudie. Le dernier point de division sera évidemment le centre de gravité du polygone.

14. On tracera une ligne droite indéfinie, et sur cett ligne on prendra un point o; on répétera, à partir de c point, huit fois une longueur quelconque sur la longueur totale de o à 8; on décrira une demi-circonférence; par le point de division 3 on élèvera la demi corde perpendiculaire 3M et l'on joindra Mo et M8; on portera sur M8, MN égale au carré du côté connu, et l'on mènera NL parallèle au diamètre. NL sera le côté du carré cherché.

15. Soit A le grand triangle et a le petit.

$$A = \frac{1}{2} M^2 \frac{H}{M-m}, \quad a = \frac{1}{2} m^2 \frac{H}{M-m}.$$

16. On partagera le contour connu en deux parties égales. On décrira une demi-circonférence sur une moitié considérée comme diamètre ; on mènera une parallèle au diamètre à une distance égale au côté du carré équivalent à la surface connue. On abaissera une perpendiculaire sur le diamètre par l'un des points d'intersection de la demi-circonférence et de la parallèle, et on déterminera ainsi deux segments qui seront les côtés adjacents du rectangle cherché.

17. On décrira une demi-circonférence sur le demi-contour, et, au lieu de la méthode précédente, on élèvera aux extrémités du diamètre des perpendiculaires égales aux côtés du rectangle connu. On joindra les extrémités de ces perpendiculaires par une ligne droite. Sur l'un des points d'intersection de la ligne droite et de la circonférence, on mènera une perpendiculaire à cette ligne droite ; cette perpendiculaire déterminera deux segments sur le diamètre, et ces segments seront les côtés adjacents du rectangle qu'on cherche.

18. Soit r le rayon du cercle, g la distance du point connu au centre du cercle. On décrira du point connu un cercle dont le rayon soit :

$$\sqrt{\frac{a}{b}(r^2 - g^2)}.$$

19. Soit R le rayon du cercle connu, x la base et y la hauteur ; x et y seront données par les équations :

$$x + y = m,$$
$$x^2 = 4y(2R - y).$$

20. Sous l'inclinaison connue, conduisons une tangente à une troisième circonférence qui sera déterminée par cette condition que la partie de la sécante comprise

dans la couronne des cercles concentriques connus soit égale à

$$\sqrt{\frac{a}{b}(R^2-r^2}.$$

21. Exprimons par l la longueur de la tangente menée du point connu au cercle. La partie extérieure de a sécante sera représentée par

$$\sqrt{\frac{l^2}{2}}.$$

22. Soit n la tangente menée du point connu. La partie extérieure de la sécante sera donnée par l'équation

$$x^4-\left(n^2+\frac{a^2}{2}\right)x^2+\frac{n^4}{2}=o.$$

23. Soit R le rayon du cercle connu ; on joindra le centre du cercle et le point donné. On prolongera cette ligne droite en sens inverse d'une longueur telle, que le rapport de cette longueur à la partie intérieure de la sécante soit égal au rapport donné $\frac{a}{b}$. On décrira une circonférence de l'extrémité de cette ligne pour centre avec un rayon $=\frac{a}{b}$ R. Cette circonférence sera le lieu géométrique demandé.

24. De l'autre extrémité du diamètre et avec un rayon

$$=\frac{a}{2}+\sqrt{\frac{a^2}{4}+4R^2},$$

on décrira un cercle qui déterminera sur la tangente le point par où la sécante doit passer.

25. Soient r et r' les rayons des cercles. On construira le lieu géométrique des points tels, que la somme des carrés de leurs distances aux centres des cercles soit égale à un carré connu $a^2+r^2+r'^2$. Le point cherché se trouvera à l'intersection de la droite donnée et du cercle qui sera le lieu géométrique.

26. D'un sommet M on mènera MP, MQ; l'une de ces lignes sera perpendiculaire, l'autre parallèle au côté opposé NO. On prendre MQ tel que $\frac{MP}{MQ}=\frac{a}{b}$, et l'on prendra NQ qui coupe MO au point S. Ce point S sera l'un des sommets du rectangle cherché.

27. Soit t un côté du triangle et h la hauteur correspondante. Le côté du carré demandé sera représenté par

$$\frac{h}{2}\pm\sqrt{\frac{h^2}{4}-\frac{h}{t}c^2}.$$

28. La hauteur du triangle sera divisée par la base supérieure du rectangle inscrit en deux parties dont le rapport sera $\frac{a-b}{h-a}$.

La hauteur du rectangle sera $\frac{h(a-b)}{h-b}$, h étant la hauteur et b la base.

29. Il faut d'abord trouver le centre de gravité du triangle. Soit k^2 la somme des carrés des distances du centre de gravité aux sommets. On cherchera une longueur égale à $\sqrt{\frac{c^2-k^2}{3}}$. On prendra le centre de gravité connu comme centre, et avec cette longueur on décrira un cercle. Ce cercle coupera la ligne droite donnée en deux points, lesquels donnent la solution du problème.

30. Pour résoudre cette question, il suffira de se rappeler que dans tout polygone rectiligne la somme des carrés des distances de tous les sommets à un point quelconque égale la somme des carrés des distances de ces mêmes sommets au centre de gravité du polygone, plus le carré de la distance de ce centre au point arbitraire multiplié par le nombre des côtés du polygone.

31. On cherchera les centres de gravité des triangles

et l'on abaissera sur la ligne droite donnée des perpendiculaires p, p'. Désignons par m la distance entre les pieds de ces perpendiculaires, par n^2, n'^2 la somme carrée des distances du centre de gravité aux sommets de chaque triangle, et par x la distance du point demandé au pied d'une perpendiculaire. Le problème sera résolu par l'équation

$$\frac{a}{b}=\frac{3(p^2+x^2)+n'^2}{3[p^2+(m-x)^2]+n'^2}.$$

32. Nommons c, c' les coordonnées qui déterminen la position du point donné par rapport aux lignes droites. La distance x du sommet au point où la sécante demandée coupera le côté sur lequel est donné le point sera résolue par l'équation

$$x^2-\left(c+\frac{a}{b}+l\right)x+\frac{b}{a}cl=0.$$

33. Soient G et G' les rayons des circonférences; il faudra décrire du centre c' une circonférence dont le rayon sera :

$$g'^2=\frac{G^2\pm G'^2-\frac{l^2}{4}}{G^2\pm G'^2}.$$

34 Soit P cet angle; on emploiera le calcul suivant :

$$P-2^d-\frac{4^d}{c}.$$

35. On décrit du sommet de l'angle un arc de cercle avec un rayon quelconque. On porte sur cet arc le rayon. Le reste de l'arc compris entre les côtés de l'angle sera le tiers de l'arc total.

FIN

www.ingramcontent.com/pod-product-compliance
Ingram Content Group UK Ltd.
Pitfield, Milton Keynes, MK11 3LW, UK
UKHW021144230726
13926UKWH00002B/918